新佳禾外语

★ 出国旅游、工作、学习、生活应急必备

地道德语 想说就说

主编／于涛

东南大学出版社
SOUTHEAST UNIVERSITY PRESS
·南京·

内 容 提 要

本书根据在国外旅游、工作、生活的各种场景,设置了若干最可能的对话,汇集了上千句常用的句子,以德语和汉语谐音注音,并配以速度得当的录音,以让零基础的人士一看就懂、一学就会、想说就说,以备不时之需。本书特别适用于德语零基础的人员短期出国旅游、生活、工作等使用。

图书在版编目(CIP)数据

地道德语想说就说 / 于涛主编. —南京:东南大学出版社,2016.3
(地道外语口语想说就说系列)
ISBN 978-7-5641-6401-0

Ⅰ.①地… Ⅱ.①于… Ⅲ.①德语—口语—自学参考资料 Ⅳ.①H339.9

中国版本图书馆 CIP 数据核字(2016)第 043813 号

地道德语想说就说

主　　编	于　涛	责任编辑	刘　坚
		特邀编辑	赵志清

电　　话 (025)83793329/83790577(传真)
电子邮件 liu-jian@seu.edu.cn

出版发行	东南大学出版社	出 版 人	江建中
地　　址	南京市四牌楼2号(210096)	邮　编	210096

销售电话 (025)83794561/83794174/83794121/83795801
　　　　　83792174/83795802/57711295(传真)
网　　址 http://www.seupress.com
电子邮件 press@seupress.com

经　　销	全国各地新华书店
印　　刷	南京新洲印刷有限公司
开　　本	787mm×1092mm　1/32
印　　张	6.75
字　　数	149千字
版　　次	2016年3月第1版第1次印刷
书　　号	ISBN 978-7-5641-6401-0
定　　价	15.00元

* 未经许可,本书内文字不得以任何方式转载、演绎,违者必究。
* 本社图书若有印装质量问题,请直接与营销部联系。电话:025-83791830。

前言

《地道德语想说就说》一书特别汇集了出行德国必备的千余应急或日常会话的实用句子,涵盖了出行德国经常遇到的场景。每句话都力求简短、实用,一看就懂、一读就会。另外,还在相应场景的句子后追加了该部分相关的常用词汇,读者只要替换中心词汇,就能将所学句子翻倍增加,达到事半功倍的效果。另外,本书还添设了"固定句型篇",包括"问答模板"与"固定句式"两部分,该部分是帮助学习者迅速掌握实战句子的有效章节。

为了让读者最大限度地利用日常零碎的时间进行学习,以提高德语水平,我们特地在内容编辑、版式设计、声音录制等方面为读者考虑,特别邀请德国资深外教和标准普通话老师为每个句子以及单词进行中德对照朗读配音。您只要戴上耳机,就能轻松掌握应急句子与实用词汇。您可以走路、跑步、搭车、乘船,或站、或坐、或躺、或卧,随时听、随地听、反复听,

轻松无压力!

总之,本书力求简明易懂、应急高效,让从零起点学习的读者的发音更为标准、地道,快速开口说德语!相信本书能对您的出行大有帮助,祝您出行顺利愉快!

本书在编写以及录音过程中得到了王红、Jens Karge(德)的热情帮助,在此深表谢意。

由于时间、水平有限,疏漏在所难免,恳请各位读者多提宝贵意见,以使本书日臻完善。

本书编写过程中,王红、刘佳、卑琳、田秋月就词汇和句子的谐音反复斟酌,力求找到最能还原原语读音的谐音字;陈贵男、赵志清、蔡晓苏、孙玉梅、陈姗姗等负责原语和汉语谐音的录音的后期剪辑,使得本书能够最后成型并方便读者使用,在此深表谢意。

本书的听力音频文件可从 http://pan.baidu.com/s/1qWXPgCG 下载,也可扫描封底的二维码下载。

附加说明:德语句子中,下划线表示长音,下点表示短音;谐音中,下划线表示连读。

编者

目录

德语字母谐音表　001

一、都市生活篇　002

1 在商场　003
2 在餐馆　014
3 在邮局　030
4 在银行　039
5 在医院　045
6 在美发店　059
7 在干洗店　069

二、旅行必备篇　074

1 交通出行　075
（1）飞机　075
　　订票　075
　　办理登机手续　076
　　行李托运　078
　　安检　080
　　海关　081

机上服务	085
机上用餐	086
下飞机后	088
领取行李	089
（2）出租车	094
（3）火车	096
（4）地铁	100
（5）租车	101
2 遇到不便	103
（1）语言不通	103
（2）迷路	104
（3）生急病	105
（4）丢失物品	106
3 宾馆住宿	109

三、日常话题篇　　　　113

1 谈论天气	114
（1）询问天气情况	114
（2）天气预报	114
（3）好天气	115
（4）坏天气	117
（5）雷雨天气	118

(6) 刮风天气 ········· 120
(7) 下雪天气 ········· 121
2 谈论时间 ············ 123
3 谈论日期 ············ 128
4 谈论季节、月份 ······ 135
5 谈论兴趣、爱好 ······ 142
6 谈论家庭 ············ 146
7 谈论工作 ············ 149

四、市民必会篇　153

1 寒暄问候 ············ 154
　(1) 日常问候 ········· 154
　(2) 初次见面 ········· 154
　(3) 久别重逢 ········· 156
　(4) 碰到友人 ········· 158
2 介绍 ················ 160
　(1) 介绍自己/他人 ···· 160
　(2) 对介绍的回应 ····· 162
3 邀请 ················ 165
　(1) 发出邀请 ········· 165
　(2) 对邀请的回应 ····· 166

4 拜访 ... 168
(1) 拜访前 ... 168
(2) 拜访中 ... 170
5 分别 ... 176
6 节庆生活祝福语 ... 182

五、固定句型篇 186

1 问答模板 ... 187
2 常用句式 ... 201

德语字母谐音表

大写	小写	字母谐音
A	a	阿
B	b	呗
C	c	次诶
D	d	得诶
E	e	诶
F	f	艾弗
G	g	歌诶
H	h	哈
I	i	一
J	j	要特
K	k	咔
L	l	诶欧
M	m	诶姆

大写	小写	字母谐音
N	n	诶恩
O	o	欧
P	p	破诶
Q	q	哭
R	r	哎赫
S	s	诶斯
T	t	特诶
U	u	乌
V	v	赴澳
W	w	唔诶
X	x	伊科斯
Y	y	于破肆意龙
Z	z	慈爱特
ß	ß	诶斯慈爱特

一、都市生活篇

1 在商场

德文 Sie wünschen?
谐音 恣意 乌云深
中文 请问你需要什么帮助吗?

德文 Womit kann ich dienen?
谐音 吴鸥泌特 看 依稀 第嫩
中文 有什么需要帮忙的吗?

德文 Ich möchte ein Kleid/eine Hose/einen Schal kaufen.
谐音 依稀 卖鱼希特 爱恩 可赖特/哎呢 后则呃/爱嫩 沙鸥 考分
中文 我想买条裙子/裤子/围巾。

德文 Welche Größe haben Sie?
谐音 外偶些 葛略瑟呃 哈本 恣意
中文 您穿多大的?

德文 Größe 48.
谐音 葛略瑟呃 阿赫特吴恩特复叶 次诶西
中文 48号的。

德文 Welche Farbe möchten Sie haben?
谐音 外偶些 发呃波 卖鱼系特恩 恣意 哈本
中文 您想要什么颜色的?

德文 Blau.
谐音 补烙
中文 蓝色的。

德文 Haben sie es auch eine Nummer größer?
谐音 哈本 恣意 艾斯 奥赫 哎呢 奴摩 葛略瑟呃
中文 有没有大一点儿的?

德文 Haben Sie die Bluse in einer anderen Farbe?
谐音 哈本 恣意 第 补录则呃 印 哎呢 安得乐恩 发呃波
中文 这种衬衣您有没有别的颜色的?

德文 Moment, ich sehe mal nach.
谐音 某闷特,依稀 贼呃 骂欧 那赫
中文 等一等,我去看一看。

德文 Bitte, Ihre Größe und Farbe.
谐音 比特呃,一乐呃 葛略瑟呃 吴恩特 发呃波
中文 您要的尺寸和颜色。

德文 Ich möchte ein paar Sportschuhe, Größe 40.
谐音 依稀 卖鱼希特 爱恩 怕呃 史报特数呃,葛略瑟呃 复叶 词义西
中文 我想要一双40码的运动鞋。

德文 Dieser Schuh drückt hier vorne.
谐音 第则呃 数 得绿克特 赫叶 发哦呢
中文 这只前面有点儿顶脚。

德文 Kann ich die Jacke mal anprobieren?
谐音 看 依稀 第 亚科 骂欧 安普喽毕业 乐恩
中文 我可以试试这件上衣吗？

德文 Ich möchte mal das T-Shirt anprobieren.
谐音 依稀 卖鱼希特 骂欧 达斯 踢设特 安普喽毕业 乐恩
中文 我想试试这件T恤衫。

德文 Einen Moment bitte, die Anprobe ist besetzt.
谐音 爱嫩 某们特 比特呃，第 安普喽波 伊斯特 跛在次特
中文 请稍等一会儿，试衣间有人。

德文 Wo ist die Anprobe?
谐音 吴鸥 伊斯特 第 安普喽波
中文 试衣间在哪儿？

德文 Geradeaus, dann nach links.
谐音 葛拉得奥斯，但 那赫 令克丝
中文 直走左拐。

德文 Wie gefällt Ihnen das?
谐音 无意 葛附爱偶特 一嫩 达斯
中文 你看这个怎么样？

德文 Sehr schön, ziemlich schick.
谐音 贼呃 是韵，次一幕里希 是以克
中文 很好看，很时髦。

德文 Wie hässlich ich in rot aussehe!
谐音 无意 海斯里希 依稀 印 漏特 奥斯贼呃
中文 我穿红色的真难看！

德文 Rot ist schon außer Mode.
谐音 漏特 伊斯特 瘦恩 熬瑟呃 谋得
中文 红色现在也不流行了。

德文 Der Mantel passt dir sehr gut/ausgezeichnet
谐音 得呃 慢特偶 帕斯特 第呃 贼呃 固特/奥斯葛才洗呢特
中文 这件大衣你穿十分合身。

德文 Der Stoff ist auch gut.
谐音 得呃 史道夫 伊斯特 奥赫 固特
中文 质地也很好。

德文 Das Kleid ist mir ein bißchen zu eng/breit.
谐音 达斯 柯莱特 伊斯特 密呃 爱恩 比斯欣 促 呃应/补赖特
中文 有点儿紧/松。

德文 Es ist mir zu groß/zu klein.
谐音 艾斯 伊斯特 密呃 促 葛漏斯/促 可赖恩
中文 你穿着太大/小了。

德文 Das Kleid passt zu der Jacke, ja?
谐音 达斯 可莱特 帕斯特 促 得呃 牙科，呀
中文 这条裙子和上衣挺配的，是吧？

德文 Sie sehen sehr gut darin aus.
谐音 恣意 贼恩 贼呃 古特 打淋 奥斯
中文 看起来很适合您。

德文 Die Schuhe passen Ihnen gut.
谐音 第 数呃 趴森 一嫩 固特
中文 这双鞋很适合你。

德文 Die Farbe gefällt mir (nicht).
谐音 第 发呃波 葛附爱偶特 密呃 （尼希特）
中文 我(不)喜欢这种颜色。

德文 Es scheint zu weit zu sein.
谐音 艾斯 晒恩特 促 外特 促 在恩
中文 它看上去太大了。

德文 Gibt es das noch in anderen Farben?
谐音 各异破特 艾斯 达斯 闹和 印 安得乐呃 发呃本
中文 有其他的颜色吗？

德文 Wie teuer ist diese Jacke?
谐音 无意 陶约 伊斯特 第则呃 牙可
中文 这件衣服多少钱?

德文 Wieviel kostet dieses Kleidungsstück?
谐音 无意 辅以偶 考斯特特 第则斯 可来东斯史的鱼克
中文 这件衣服多少钱?

德文 390 Euro.
谐音 得来混得特 吴恩特闹云 次诶系 奥与楼
中文 390欧元。

德文 Geht es billiger?
谐音 给特 艾斯 逼哩歌呃
中文 还可以便宜点儿吗?

德文 Kann es noch etwas billiger sein?
谐音 看 艾斯 闹和 艾特哇斯 逼哩歌呃 在恩
中文 可以便宜一点儿吗?

德文 Nein, leider nicht.
谐音 耐恩,来得 尼希特
中文 很遗憾,不行。

德文 Soviel möchte ich nicht ausgeben..
谐音 邹辅以偶 卖鱼希特 依稀 尼希特 奥斯给本
中文 我不想买这么贵的东西。

德文 Ich glaube, das ist zu teuer für mich.
谐音 依稀 葛劳勃,达斯 伊斯特 促 陶约 赴约 密西
中文 我想太贵了。

德文 Haben Sie nicht etwas Preiswerteres?
谐音 哈本 恣意 尼希特 艾特哇斯 普赖斯歪呃特勒斯
中文 您没有便宜点儿的吗?

德文 Wie wäre es mit dieser Jacke hier?
谐音 无意 歪乐 艾斯 泌特 第则呃 呀可 和叶
中文 这件怎么样?

德文 Die ist sehr preiswert.
谐音 第 伊斯特 贼呃 普赖斯歪呃特
中文 很便宜的。

德文 Was ist das für ein Material?
谐音 哇斯 伊斯特 达斯 赴约 爱恩 马特里啊偶
中文 什么质地的?

德文 Das ist reine Baumwolle.
谐音 达斯 伊斯特 来呢 鲍姆哇偶乐
中文 纯棉的。

德文 Sehr pflegeleicht und strapazierfähig.
谐音 贼呃 仆妇雷葛莱希特 吴恩特 史特拉帕此页附爱已西
中文 很容易打理,不易皱。

地道德语想说就说

德文 Die Jacke sieht auch nicht schlecht aus.
谐音 第 牙可 悠意特 奥赫 尼希特 史莱希特 奥斯
中文 这件也不赖。

德文 Gut. Ich nehme es
谐音 固特，依稀 内模 艾斯
中文 好的，我买了。

德文 Ich packe sie ein.
谐音 依稀 趴可 悠意 爱恩
中文 我给您装好。

德文 Bitte, packen Sie es als Geschenk ein!
谐音 比特呃，趴肯 悠意 艾斯 啊欧斯 葛甚克 爱恩
中文 请您把它作为礼品包装！

德文 Wie kann ich das bezahlen?
谐音 无意 看 依稀 达斯 跛擦了恩
中文 我怎么付钱？

德文 Mit Bargeld oder Kreditkarte.
谐音 泌特 吧呃 该欧特 欧德呃 可雷帝特咔呃 特呃
中文 您既可以用现金付款也可以刷卡。

德文 Kann man mit Kreditkarte bezahlen?
谐音 看 慢 泌特 可雷帝特咔呃 特呃 跛擦了恩
中文 可以使用信用卡结账吗？

德文 Zahlen Sie bitte an der Kasse!
谐音 擦了恩 恣意 比特呃 安 得呃 咔瑟呃
中文 请到付款处付款。

德文 Haben Sie die Quittung dabei?
谐音 哈本 恣意 第 可无意通 打败
中文 您带发票了吗?

德文 Kann ich die Schuhe vielleicht umtauschen? Der Absatz ist ab.
谐音 看 依稀 第 数呃 辅以莱希特 乌木逃深? 得呃 啊破咋次 伊斯特 啊破
中文 我能不能换这双鞋? 鞋跟儿掉了。

德文 Hier ist etwas schmutzig. Ich möchte es zurückgeben.
谐音 和叶 伊斯特 艾特哇斯 史目次诶西。依稀 卖鱼希特呃 艾斯 促律克给本
中文 这儿有点儿脏,我想退货。

德文 Ich möchte eine größere/kleinere.
谐音 依稀 卖鱼希特呃 哎呢 葛略瑟乐呃/可来呢乐呃
中文 我想换件大/小一点儿的。

相关词汇

德文	der Schneeanzug	der Schlafanzug	der Spielanzug
谐音	得呃 史内安促克	得呃 史辣夫安促克	得呃 史必欧安促克
中文	儿童防雪服	睡衣	连衫裤

德文	der Sonnenhut	die Schürze	die Shorts
谐音	得呃 糟嫩互特	低 失约策	低 邵呃次
中文	遮阳帽	围兜	短裤

德文	das T-Shirt	der Rock, die Röcke	die Latzhose
谐音	达斯 踢设特	得呃 烙克	低 拉次侯则
中文	T恤衫	裙子	工装裤

德文	das Kleid	die Jeans	der Regenmantel
谐音	达斯 可莱特	低 指印斯	得呃 雷根曼特欧
中文	连衣裙	牛仔裤	雨衣

德文	der Anorak	der Morgenrock	der Fußballdress
谐音	得呃 阿呃偶辣客	得呃 毛呃跟烙克	得呃 弗斯罢欧 职务艾斯
中文	滑雪衫	晨衣,室内便袍	球衣

德文	der Trainingsanzug	die Jacke	die Hose
谐音	得呃 特来宁斯安促克	低 呀可呃	低 侯泽
中文	运动服	上装	裤子

德文	der Mantel	der Blazer	das Sportjackett
谐音	得呃 曼特欧	得呃 补拉则	达斯 史报特呀可以特
中文	外套	休闲上衣	粗呢夹克

德文	die Weste	das Sweatshirt	die Windjacke
谐音	低 外斯特呃	达斯 斯外特设特	低 无音特呀可呃
中文	马甲	运动衫	防风夹克

德文	der Pullover	der Slip	die Boxershorts
谐音	得呃 普喽唔呃	得呃 斯力魄	低 包可瑟邵次

中文	套头毛衣	三角内裤	平角短裤
德文	die Socken	die Schuhe	die Strumpfhose
谐音	低 糟可恩	低 数呃	低 史特路目普福侯泽
中文	袜子	鞋	连裤袜

德文	die Bluse	das Abendkleid	der Unterrock
谐音	低 补卢泽	达斯 阿本特可赖特	得呃 吴恩 特呃烙克
中文	女士衬衫	晚礼服	衬裙

德文	die Strümpfe	der Büstenhalter	das Nachthemd
谐音	低 史特率木普佛呃	得呃 补绿斯特恩 哈偶 特呃	达斯 那赫特海姆特
中文	长筒袜	胸罩	女睡衣

德文	die Mütze	der Hut	das Halstuch
谐音	低 摸鱼册	得呃 互特	达斯 哈欧斯吐赫
中文	帽子	礼帽	颈巾

德文	das Taschentuch	die Fliege	die Handschuhe
谐音	达斯 他身吐赫	低 福利葛呃	低 汗特数呃
中文	手帕	领结	手套

德文	der Schuh mit hohem Absatz	der Plateauschuh	die Sandale
谐音	得呃 数 密特 后呃目 啊破咋次	得呃 普拉特呃奥斯数	低 咱打了呃
中文	高跟儿鞋	厚底鞋	凉鞋

德文	der Slipper	der Sportschuh	der Lederschuh
谐音	得呃 死哩坡斯	得呃 史报呃特数	得呃 雷德呃数
中文	无带便鞋	运动鞋	皮鞋

都市生活篇

2 在餐馆

德文 Ist dieser Tisch noch frei?
谐音 伊斯特 第则呃 替湿 闹和 弗莱
中文 这桌有人坐吗?

德文 Sind hier noch Plätze frei?
谐音 恣意恩特 和叶 闹和 普莱测呃 弗莱
中文 这里还有座吗?

德文 Dürfen wir uns zu Ihnen setzen?
谐音 的约分 物业 无恩斯 促 一嫩 在侧恩
中文 我们可以坐到您边上吗?

德文 Ist hier noch frei?
谐音 伊斯特 和叶 闹和 弗莱
中文 这儿还有空吗?

德文 Leider ist dieser Tisch schon reserviert.
谐音 来得呃 伊斯特 第则呃 替湿 瘦恩 嘞在呃 物业特
中文 很可惜, 这张桌子已经预订了。

德文 Ja, der Tisch/ Platz ist frei.
谐音 呀, 得呃 替湿/普辣次 伊斯特 弗莱
中文 是的, 这个桌子/ 位子有空。

德文 Nein, hier ist reserviert.
谐音 和业 伊斯特 嘞 在呃 物业特
中文 不，请坐到这张桌子边来/那里去。

德文 Nein, nehmen Sie hier Platz.
谐音 乃恩，内门 恣意 和叶 普拉次
中文 不，请坐这里。

德文 Der Tisch am Fenster ist noch frei, wollen Sie dorthin?
谐音 得呃 替湿 阿姆 凡斯特 伊斯特 闹和 弗莱，哇偶乐恩 恣意 到呃特和印
中文 靠窗的桌子还空着，您想过去吗？

德文 Wo sind die Toiletten?
谐音 吴鸥 恣意恩特 第 偷啊莱特恩
中文 厕所在哪里？

德文 Entschuldigung, darf ich Sie mal fragen, wo die Toilette ist?
谐音 恩特数欧迪公，大呃夫 依稀 恣意 骂欧 弗拉跟，吴鸥 第 偷啊莱特呃 伊斯特
中文 请问洗手间在哪儿？

德文 Darf ich rauchen?
谐音 大呃夫 依稀 牢很
中文 可以抽烟吗？

地道德语想说就说

德文 Bestellen Sie jetzt?
谐音 波史带了恩 恣意 叶次特
中文 您现在点餐吗?

德文 Die Speisekarte, bitte.
谐音 第 史白泽咔呃 特呃,比特呃
中文 请拿张菜单儿。

德文 Ich möchte bestellen.
谐音 依稀 卖鱼希特呃 波史带了恩
中文 我想订菜。

德文 Möchten Sie chinesisches oder westliches Essen?
谐音 卖鱼希特恩 恣意 西内贼湿 欧德呃 外斯特里些斯 艾森
中文 您吃中餐还是西餐?

德文 Was darf ich Ihnen bringen/ anbieten?
谐音 哇斯 达呃夫 依稀 一嫩 补零呃恩/安逼特恩
中文 您要什么菜? /您来点什么?

德文 Haben Sie schon gewählt/ etwas ausgesucht?
谐音 哈本 恣意 瘦恩 葛歪欧特/艾特哇斯 奥斯葛组赫特
中文 您选好了吗? /点了什么菜了吗?

德文 Ich kenne mich mit der deutschen Küche noch nicht aus.
谐音 依稀 开呢 密西 密特 得呃 导语陈 可与些 闹赫 尼希特 奥斯
中文 我对德国的饮食还不太熟悉。

德文 Könnten Sie mir etwas empfehlen?
谐音 可晕 特恩 恣意 密呃 艾特哇斯 爱慕 破费乐恩
中文 您能给我推荐点儿什么吗?

德文 Was ist die bayerische Spezialität?
谐音 哇斯 伊斯特 白夜哩设 史呗词义阿里太特
中文 巴伐利亚的特色菜是什么?

德文 Den Kartoffelsalat kann ich sehr empfehlen.
谐音 得恩 卡呃 逃佛欧咋辣特 看 依稀 贼呃 恩姆 破费乐恩
中文 我向你推荐土豆沙拉。

德文 Bringen Sie mir bitte ein Wiener Schnitzel.
谐音 波令恩 恣意 密呃 比特呃 爱恩 无意呢 史腻侧偶
中文 请给我一份维也纳肉排。

德文 Ich möchte einmal Rindfleisch mit Pilzen und eine Eiersuppe.
谐音 依稀 卖鱼希特呃 爱恩骂欧 林特弗莱是 泌特 批欧侧恩 吴恩特 哎呢 艾叶组破
中文 我要一份牛肉加蘑菇和鸡蛋汤。

德文 Ich hätte gern ein Rindersteak.
谐音 依稀 嗨特呃 该呃恩 爱恩 淋得死得克
中文 我想要一份牛排。

德文 Was trinken Sie/ Was möchten Sie trinken?
谐音 哇斯 特另肯 恣意/哇斯 卖鱼希特恩 恣意 特另肯
中文 您喝什么饮料？

德文 Wir haben verschiedene Sorten Aperitife: Whisky, Sherry, Cognac...
谐音 物业 哈本 费呃是以德恩呢 糟呃特恩啊呸里踢佛：无意 斯可以，晒里，考恩啊克……
中文 我们有各种开胃酒：威士忌、雪利酒和法国白兰地……

德文 Ich nehme einen Whisky mit Sodawasser und Eis, bitte !
谐音 依稀 内模 爱嫩 无意斯可以 泌特 邹达哇色 吴恩 特 艾斯，比特呃
中文 我要一份威士忌加苏打水和冰块儿！

德文 Möchten Sie ein Glas Wein?
谐音 卖鱼希特恩 恣意 爱恩 葛辣斯 外恩
中文 要来点儿葡萄酒吗？

德文 Nein danke, eine Tasse Kaffee bitte.
谐音 耐恩 当可，哎呢 他色呃 卡费 比特呃
中文 不了，来杯咖啡吧。

德文 Kaffee mit Zucker/Milch?
谐音 卡费 泌特 粗克/密哦西
中文 加糖/牛奶吗？

德文 Darf ich Ihnen noch etwas bringen?
谐音 达呃夫 依稀 一嫩 闹和 艾特哇斯 补零恩
中文 您还要什么？

德文 Bitte etwas Salz und Pfeffer.
谐音 比特呃 艾特哇斯 咋欧次 吴恩特 颇附爱佛
中文 请给我拿点儿盐和胡椒粉。

德文 Und für meine Frau als Vorspeise eine Zwiebelsuppe/als Nachspeise ein Eis.
谐音 吴恩特 赴约 麦呢 福劳 啊欧斯 赴澳史白泽 哎呢次无意 波偶租颇/啊欧斯 那赫史白泽 爱恩 艾斯
中文 给我妻子来一份洋葱开胃汤/一份冰淇淋作饭后甜点。

德文 Herr Ober, hier fehlt noch ein Glas !
谐音 嗨呃 欧泊，和叶 费哦特 闹和 爱恩 葛辣斯
中文 服务生，这里还缺一个杯子！

德文 Kannst du mir das Salz reichen?
谐音 看斯特 度 密呃 达斯 咋偶次 来心
中文 把盐递给我。

德文 Ach, es riecht so gut.
谐音 啊赫,艾斯 力西特 揍 固特
中文 啊,真好闻!

德文 Mir läuft das Wasser im Mund zusammen.
谐音 密呃 涝与福特 达斯 哇色 一恩姆 沐恩特 促咋们
中文 我都要流口水了。

德文 Das Fleisch ist schön durchgebraten. Die Soße ist auch gut.
谐音 达斯 弗莱是 伊斯特 顺 度呃西歌布拉特恩。第 邹瑟呃 伊斯特 奥赫 固特
中文 肉已经熟透了,肉汁也很好。

德文 Greift bitte zu, nur keine Sorgen um die Figur!
谐音 葛莱福特 比特呃 促,怒呃 开呢 糟呃跟 乌木 第 辅以 顾呃
中文 请大家随便吃,别担心身材!

德文 Das Essen schmeckt lecker.
谐音 达斯 艾森 史麦科特 莱科
中文 这里饭菜真好吃!

德文 Auf unsere Freundschaft zu trinken!
谐音 奥夫 吴恩泽乐呃 福劳云沙富特 促 特灵肯
中文 为我们的友谊干杯!

德文 Zum Wohl!
谐音 促目 吴鸥
中文 祝您健康!

德文 Wie heißt dieses Gericht ?
谐音 无意 嗨斯特 第则斯 葛利息特
中文 这道菜叫什么?

德文 Es schmeckt mir ausgezeichnet.
谐音 艾斯 史麦科特 密呃 奥斯葛才洗呢特
中文 味道好极了。

德文 Einfach köstlich!
谐音 爱恩发赫 可约斯特里希
中文 真好吃!

德文 Ich kann wirklich nicht mehr.
谐音 依稀 看 物业科里希 尼希特 没呃
中文 我真的不能再吃了。

德文 Bezahlen, bitte.
谐音 波擦乐恩,比特呃
中文 买单!

德文 Fräulein, ich möchte bitte zahlen!
谐音 佛劳云来恩，依稀 卖鱼希特呃 比特呃 擦了恩
中文 我要买单！

德文 Herr Ober, die Rechnung bitte.
谐音 嘿呃 欧泊，第 来袭农 比特呃
中文 服务员，买单。

德文 Zusammen oder getrennt?
谐音 促咋们 欧德呃 歌特乐恩特
中文 一起付还是分开付？

德文 Zahlen wir getrennt!
谐音 擦了恩 物业 歌特乐恩特
中文 各付各的吧。

德文 Wer bezahlt heute?
谐音 为呃 波擦偶特 好于特呃
中文 今天谁请客？

德文 Diesmal lade ich dich ein.
谐音 迪斯骂欧 拉得呃 依稀 蒂西 爱恩
中文 这次我请客。

德文 Nein, danke, zahlen wir getrennt!
谐音 耐恩,当可,擦了恩 物业 歌特乐恩特
中文 不了,各付各的吧。

德文 Was macht das zusammen?
谐音 哇斯 马赫特 达斯 促咋们
中文 一共多少钱?

德文 Bitte, das ist Ihre Rechnung.
谐音 比特呃,达斯 伊斯特 一乐呃 来袭农
中文 这是您的消费清单,您看一下。

德文 Etwas stimmt nicht.
谐音 艾特哇斯 史蒂姆特 尼希特
中文 账单儿有点儿不对。

德文 Das habe ich nicht bestellt.
谐音 达斯 哈勃 依稀 尼希特 波史带偶特
中文 我没订这个。

德文 Den Espresso haben wir nicht gehabt.
谐音 德恩 诶斯普莱搜 哈本 物业 尼希特 葛哈珀特
中文 我们没要咖啡。

都市生活篇

> **德文** Macht zusammen 520 yuan.
> **谐音** 马赫特 粗砸门 浮云福混得特次午安 次诶系 元
> **中文** 一共520元。

> **德文** Das macht für Sie 19 Euro 20, und für Sie 23 Euro 30.
> **谐音** 达斯 马赫特 赴约 恣意 闹云 慈恩 鳌鱼楼 次午安 次诶系,吴恩特 赴约 恣意 得来吴恩特次午安 次诶系 鳌鱼楼 得来斯诶西
> **中文** 您要付19欧元20分,您付23欧元30分。

> **德文** Haben Sie es nicht klein?
> **谐音** 哈本 恣意 艾斯 尼希特 可赖恩
> **中文** 你们有零钱吗?

> **德文** Danke, das stimmt so. Der Rest ist für Sie.
> **谐音** 当可,达斯 史蒂姆特 揍。得呃 莱斯特 伊斯特 赴约 恣意
> **中文** 谢谢,不用找了。

(相关词汇)
餐饮词汇

德文	das Restaurant	das Café	das Gasthaus
谐音	达斯 赖斯偷浪	达斯 咔费	达斯 噶斯特豪斯
中文	餐馆	咖啡馆	饭馆

德文	der Gasthof	der Biergarten	das Bistro
谐音	得呃 噶斯特后付	得呃 比耶 嘎呃 特恩	达斯 比斯特漏
中文	饭庄	啤酒园	意式咖啡馆

德文	谐音	中文
die Kneipe	第 可耐颇呃	小酒馆
die Imbissstube	第 异母碧斯史度波	快餐店
die Konditorei	第 考恩第偷赖	甜食店
das Besteck	达斯 波史带克	餐具
die Serviette	第 贼呃无意哎特呃	餐巾
das Frühstück	达斯 福率史的玉克	早餐
das Abendbrot	达斯 阿本特补漏特	晚餐
das Mittagessen	达斯 咪踏克艾森	午餐
das Menü	达斯 美呢玉	套餐
die Speisekarte	第 史白泽咔呃 特呃	菜单儿
die Bestellung	第 波史带龙	订菜
die Vorspeise	第 发哦史白泽呃	餐前小吃
der Nachtisch	得呃 那赫替湿	餐后甜品
das Trinkgeld	达斯 特另克盖鸥特	小费
der Ober	得呃 欧泊	服务员
das Tagesgericht	达斯 他格斯葛利息特	白日套餐
ein Glas Bier	爱恩 葛辣斯 比呃	一杯啤酒
eine Tasse Kaffee/Tee	哎呢 他客呃 卡费/特诶	一杯咖啡/茶
Messer und Gabel	麦瑟呃 吴恩特 嘎波偶	刀和叉
der Löffel	得呃 卢艾佛欧	汤勺
das Salz	达斯 咋偶次	盐
der Zucker	得呃 粗可	糖
scharf	煞呃夫	辣
der Essig	得呃 艾斯诶西	醋

德文	Vegetarische Gerichte	das Schweinefleisch	das Rindfleisch
谐音	威给他李佘 葛利息特呃	达斯 史歪呢福赖湿	达斯 淋特福赖湿
中文	素食	猪肉	牛肉

德文	das Obst	das Eis	der Kuchen
谐音	达斯 偶破斯特	达斯 艾斯	得呃 哭很
中文	水果	冰激凌	饼

德文	die Soße	der Pfeffer	warm
谐音	第 邹瑟呃	得呃 匍匐爱佛	哇呃姆
中文	作料	胡椒粉	热的，温暖

德文	kalt	die Suppe	die Kartoffel
谐音	卡偶特	第 租颇呃	第 卡呃涛佛欧
中文	冷的	汤	土豆

德文	die Tomate	der Reis	die Nudel
谐音	第 偷吗特呃	得呃 赖斯	第 奴的偶
中文	西红柿	米	面

德文	das Brot	das Fleisch	das Ei
谐音	达斯 补漏特	达斯 福赖湿	达斯 爱
中文	面包	肉	蛋

德文	der Blumenkohl	die Schalotte	das Gewürz
谐音	得呃 补噜门扣欧	第 傻捞特呃	达斯 葛吴越次
中文	花菜	葱	香料，调味品

德文	Zutaten	die Sosse	der Kuchen
谐音	粗他特呃	第 糟瑟呃	得呃 哭很
中文	配料	调味汁，沙司，酱汁	蛋糕

德文	der Sesam	die Wurst	der Pilz
谐音	得呃 贼咋木	第 唔呃斯特	得呃 屁偶次
中文	芝麻	香肠	蘑菇

德文	der Spargel	die Erbse	Pommes frites
谐音	得呃 史八葛欧	第 诶呃破则呃	泡姆 福利特
中文	芦笋	豌豆	油炸土豆条（法）

德文	der Paprika	die Erdnuss	der Jasmintee
谐音	得呃 趴普里卡	第 诶呃特怒斯	得呃 呀斯民特诶
中文	辣椒	花生	茉莉花茶

德文	die Gurke	die Zwiebel	der Gulasch
谐音	第 孤呃可	第 次无意 波偶	得呃 孤拉湿
中文	黄瓜	洋葱	红烧肉

德文	der Knödel	der Teig	Teigwaren
谐音	得呃 可虐的偶	得呃 泰克	泰克哇乐恩
中文	丸子（奥）	生面团	（生）面食

德文	der Mais	die Persimone	der Knoblauch
谐音	得呃 麦斯	第 拍呃恣意某呢	得呃 可闹破烙赫
中文	玉米	柿子	大蒜

德文	der Pfeffer	der Schinken	das Filet
谐音	得呃 普附爱佛	得呃 石英肯	达斯 辅以累
中文	胡椒粉	火腿	里脊

德文	die Garnele	die Bohnenmilch	salziger Pfannkuchen
谐音	第 嘎没了呃	第 波偶嫩密欧系	咋偶次一格 浦饭哭很
中文	虾	豆浆	油饼

都市生活篇

德文	die Fadennudel	Fleischbeutelchen	gebratenes
谐音	第 发德恩奴的偶	福赖湿鲍鱼特偶新	歌布拉特恩呢斯
中文	挂面	馄饨	锅贴

德文	der Kaviar	die Brühe	das Sandwich
谐音	得呃 咔无意阿	第补率呃	达斯 三特为曲
中文	鱼子酱	清汤	三明治

德文	der Imbiß	der Hotdog
谐音	得呃 异母必斯	得呃 浩特到个
中文	小吃	热狗

水果词汇

德文	die Orange	die Traube	die Mandarine
谐音	第 呕浪日	第 特劳勃	第 蛮达哩呢
中文	橙	葡萄	橘子

德文	der Apfel	die Birne	die Banane
谐音	得呃 阿普佛偶	第 逼呃呢	第 把那呢呃
中文	苹果	梨	香蕉

德文	die Mango	die Ananas	die Litchpflaume
谐音	第 忙狗	第 阿纳纳斯	第 俚曲匍匐劳模
中文	芒果	菠萝	荔枝

德文	die Melone	die Zitrone	die Wassermelone
谐音	第 美楼呢	第 词义特楼呢	第 哇色美楼呢
中文	瓜	柠檬	西瓜

德文	die Pampelmuse	die Kirsche	die Aprikose
谐音	第 帕姆 破偶沐泽呃	第 可以呃余	第 阿普利扣则呃
中文	柚子	樱桃	杏子

德文	die Kiwi Obst	der Granatapfel	die Eodbeere
谐音	第 可以 无意 偶破斯特	第 葛兰拿他普佛偶	第 艾特呗了呃
中文	奇异果	石榴	草莓

德文	die Pflaume	der Pfirsich	die Kokosnuss
谐音	第 匐匐劳模	得呃 普复叶 悠意西	第 抠抠斯怒斯
中文	李子	桃子	椰子

都市生活篇

3 在邮局

德文 Der nächste bitte! Guten Tag, was kann ich für Sie tun?

谐音 得呃 奈希斯特 比特呃！古特恩 踏克，哇斯 看 依稀 赴约 恣奕 吐恩

中文 下一位，您好，请问您需要什么服务？

德文 Ich brauche ein paar Marken.

谐音 依稀 补牢和 爱恩 怕呃 吗呃肯

中文 我买几张邮票。

德文 Geben Sie mir bitte zwei Marken zu 90 Cent.

谐音 给本 恣奕 密呃 比特呃 次外 吗呃肯 促 闹云 次诶系 散特

中文 请给我两张 90 分的邮票。

德文 An welchem Schalter kann man Briefmarken kaufen？

谐音 按 外偶些目 沙鸥 特呃 看 慢 卜立夫吗呃肯 考分

中文 在哪个窗口可以买到邮票？

德文 Ich brauche Goldgedenkmünze Olympia 2008.

谐音 依稀 补牢和 告欧特葛德恩克暮云 测呃 呕率目批阿 此外套怎特啊赫特

中文 我想买2008年的奥运纪念金币。

德文 Kann ich den Brief gleich bei Ihnen aufgeben?
谐音 看 依稀 德恩 卜立夫 葛赖西 拜 一嫩 奥夫给本
中文 我可以在您这儿直接寄这封信吗？

德文 Ja, aber Sie können ihn auch draußen in den Briefkasten stecken.
谐音 呀，阿波 恣意 可晕嫩 伊恩 奥赫 得劳森 印 德恩 卜立夫卡斯特恩 史带肯
中文 可以，不过您也可以把信投到外面的信箱里。

德文 Was kostet eine Ansichtskarte nach Deutschland/ein Brief nach China?
谐音 哇斯 考斯特特 哎呢 安恣意西次咔呃特呃 那赫 到淤咪兰特/爱恩 卜立夫 那赫 西纳
中文 寄往德国的风景明信片/中国的航空信多少钱？

德文 Ich möchte diese Postkarte/ diesen Luftpostbrief nach China.
谐音 依稀 卖鱼希特呃 第则呃 泡斯特咔呃特呃/第怎 路福特泡斯特卜立夫 纳和 西纳
中文 我想寄一张风景明信片/这张明信片/航空信到中国。

德文 Was kostet ein Paket/ ein Einschreibebrief nach China?
谐音 哇斯 考斯特特 爱恩 帕克一特/爱恩史来波卜立夫 那赫 西纳
中文 寄到中国包裹/挂号信多少钱？

都市生活篇

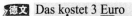

德文 Das kostet 3 Euro
谐音 达斯 考斯特特 得来 鳌鱼楼
中文 3欧元。

德文 Sie müssen eine Zollerklärung/ein Formular ausfüllen.
谐音 恣意 摸鱼森 哎呢 糙欧 诶呃可来龙/爱恩 发哦姆辣呃 奥斯佛语 乐恩
中文 您得填一张报关单/表格。

德文 Füllen Sie dieses Formular in Druckschrift aus.
谐音 佛语 乐恩 恣意 狄泽思 发哦姆辣呃 印 的路克史立夫特 奥斯
中文 请用正楷填写这张表格。

德文 Wir brauchen ein Formular/eine Zollerklärung/ eine Postkarte.
谐音 物业 补牢很 爱恩 发哦姆辣呃/糙欧 诶呃可来龙/哎呢 泡斯特咔呃 特呃
中文 我们要一张表格/报关单/包裹单。

德文 Wissen Sie, wann der Brief in Berlin ankommt?
谐音 无意森 恣意,万 得呃 卜立夫 印 拜呃淋 按考木特
中文 您知不知道这封信什么时候能到达柏林?

德文 Morgen wird er in Berlin ankommen.
谐音 毛呃跟 物业特 诶呃 印 拜呃淋 按靠门
中文 这封信明天就能到达柏林。

德文 Wollen Sie einen normalen oder einen eingeschriebenen Brief schicken?

谐音 哇哦 乐恩 恣意 爱嫩 闹吗乐恩 欧德呃 爱嫩 爱恩 葛史立本嫩 卜立夫 是以肯

中文 您要寄平信还是挂号信?

德文 Einen normalen, bitte.

谐音 爱嫩 闹吗乐恩,比特呃

中文 平信。

德文 Ihr Brief wiegt 40 Gramm, also 1,7 Euro, bitte.

谐音 一呃 卜立夫 无意克特 复叶 次诶系 葛辣姆,啊偶走 爱恩 鳌鱼楼 恣意破 次诶系,比特呃

中文 您的信40克,请付1.70欧元。

德文 Standardbriefe bis 20 Gramm 80 Cent. Alle weiteren 20 Gramm kosten 90 Cent.

谐音 史单打特卜立佛 碧斯 次午安 次诶西 葛辣姆 阿赫次诶系 散特。阿勒 外特勒恩 次午安 次诶西 葛辣姆 考斯特恩 闹云 次诶系 散特

中文 标准信件20克80分,每超过20克另付90分。

德文 Was kostet dieser Brief per Luftpost nach China?

谐音 哇斯 考斯特特 第则呃 卜立夫 拍呃 路福特泡斯特 那赫 西纳

中文 那寄往中国的航空信要多少钱?

德文 Ein Brief nach China kostet 1,53 Euro.

谐音 爱恩 卜立夫 那赫 西纳 考斯特特 爱恩 鳌鱼楼 得来 吴恩特 浮云福 次诶系

中文 一封寄往中国的信要1.53欧元。

德文 Wie lange dauert die Luftpost nach China?

谐音 无意 郎呃 刀唔呃特 第 路福特泡斯特 那赫 西纳

中文 寄往中国的航空信要多长时间才能到呢?

德文 Ungefähr 7 Tage.

谐音 吴恩葛附爱呃 恣意本 他哥

中文 大约7天。

德文 Wie schicken Sie Ihr Paket bitte?

谐音 无意 是以肯 恣意 一呃 帕克一特 比特呃

中文 请问您的包裹要怎么邮寄?

德文 Per Luftpost bitte.

谐音 拍呃 路福特泡斯特 比特呃

中文 航空邮寄吧。

德文 Am Schalter 1.

谐音 啊目 沙鸥 特呃 爱恩斯

中文 挂号信在第一个窗口办理。

德文 Ich möchte die Kleidung im Paket nach Berlin schicken. Wie viel soll ich per Express extra bezahlen?

谐音 依稀 卖鱼希特呃 第 可来东 一恩姆 帕克一特 那赫 拜呃淋 是以肯。无意 辅以偶 造欧 依稀 拍呃 亦克斯特辣 波擦了恩

中文 我想把这些衣服用包裹寄往柏林，快递包裹的额外费用是多少？

德文 Das Paket muss zuerst gewogen worden.

谐音 达斯 帕克一特 慕斯 促诶呃斯特 葛吴鸥跟 哇偶德恩

中文 先称一下。

德文 Entschuldigen Sie bitte! Wo kann ich einen Einschreibebrief schicken?

谐音 恩特数欧低跟 您意 比特呃！吴鸥 看 依稀 爱嫩 爱恩史来波波立夫 是以肯

中文 我想邮挂号信，请问在哪里办理？

德文 Einen Moment bitte. Als Einschreiben 10 Euro, normal 5 Euro und als Express 15 Euro.

谐音 爱嫩 某们特 比特呃。啊欧斯 爱恩史来本 次诶恩 鳌鱼楼，闹吗偶 浮云福 鳌鱼喽 吴恩特 啊欧斯 一颗四普莱斯 浮云福次诶恩 鳌鱼喽

中文 您稍等……挂号信要10欧元，普通邮件要5欧元，快件要15欧元。

都市生活篇

德文 Kann ich bei Ihnen das Paket holen?
谐音 看 依稀 拜 一嫩 达斯 趴可以特 后乐恩
中文 我来取包裹，请问能在这儿取吗？

德文 Ja. Geben Sie mir bitte Ihren Ausweis und die Quittung.
谐音 呀。给本 悉意 密呃 比特呃 一乐恩 奥斯外丝 吴恩特 第 可无意通
中文 可以在这儿办理，请给我可以证明您身份的证件以及包裹单据。

德文 Könnten Sie mir bitte sagen, wie ich einen Brief ins Ausland schicke?
谐音 可晕 特恩 悉意 密呃 比特呃 咋跟，无意 依稀 爱嫩 卜立夫 印斯 奥斯兰特 是以科
中文 您能告诉我怎么往国外寄信吗？

德文 Füllen Sie bitte das Formular mit Namen, Ihrer Adresse und Telefonnummer aus.
谐音 佛语 乐恩 悉意 比特呃 达斯 发哦目辣呃 泌特 那门，一乐呃 阿得来瑟 吴恩特 忒类否恩奴摩 奥斯
中文 请填上这张单子，正面填上姓名和地址以及您的联系电话，反面不用填写。

德文 Ich möchte 3000 Euro überweisen.
谐音 依稀 卖鱼希特呃 得赖涛怎特 鳌鱼喽 余波外怎
中文 我想汇3,000欧元。

德文 Ich schicke Glas. Soll ich das anmerken?
谐音 依稀 是以可呃 葛辣斯。造欧 依稀 达斯 按脉呃肯
中文 我邮寄的是玻璃器皿，请问我该如何注明？

德文 Merken Sie bitte „zerbrechlich" an.
谐音 脉呃肯 恣意 比特呃 "菜呃补莱西里希" 按
中文 您在包裹上注明"易碎"字样就可以了。

相关词汇

德文	die Post	der Brief	per Luftpost
谐音	低 泡斯特	得呃 卜立夫	配呃 路福特泡斯特
中文	邮局	信	航空邮件

德文	das Einschreiben	der Absender	die Unterschrift
谐音	达斯 爱恩史来本	得呃 啊破咱得呃	低 吴恩特呃史立夫特
中文	挂号邮件	寄信人	签名

德文	die Leerung	die Zustellung	die Postgebühr
谐音	低 雷龙	低 促史带龙	低 泡斯特葛博悦
中文	（从邮筒中）取信	递送	邮资

德文	die Postanweisung	zerbrechlich	der Postsack
谐音	低 泡斯特安歪总	才呃补莱西里希	得呃 泡斯特咋克
中文	汇票	易碎	邮袋

德文	das Telegramm	nicht falten	oben
谐音	达斯 忒雷葛辣姆	尼希特 发偶特恩	欧本
中文	电报	勿折	此面向上

德文	das Fax	der Briefträger	die Briefmarke
谐音	达斯 发克斯	得呃 卜立夫特莱格呃	低 卜立夫麻呃可
中文	传真	邮差	邮票

德文	die Postleitzahl	der Umschlag	die Adresse
谐音	低 泡斯特莱特擦偶	得呃 乌木史辣客	低 阿得来瑟
中文	邮编	信封	地址

德文	der Poststempel	der Postbeamte	der Schalter
谐音	得呃 泡斯特史带木破偶	得呃 泡斯特波阿姆特呃	得呃 啥欧特呃
中文	邮戳	邮局职员	窗口

4 在银行

德文 Ich möchte etwas über die Bewerbung um den Wohnungskredit kennenlernen.

谐音 依稀 卖鱼希特呃 艾特哇斯 余波 第 波歪呃 不欧恩 乌木 得恩 吴鸥 呢欧恩斯可哩帝特 开嫩来呃嫩

中文 我想咨询一下住房贷款如何申请。

德文 Wieviel muss ich bei der Kontoeröffnung einzahlen?

谐音 无意 辅以偶 慕斯 依稀 拜 得呃 考恩偷诶呃於夫呢欧恩 爱恩擦乐恩

中文 请问第一次储蓄的最低限额是多少?

德文 Sie müssen mindestens 10 Euro haben.

谐音 恣意 摸鱼森 民得斯特恩斯 次诶恩 鳌鱼喽 哈本

中文 最低限额是10欧元。

德文 Ich möchte ein Sparkonto eröffnen. Welche Formalitäten soll man dabei erledigen?

谐音 依稀 卖鱼希特呃 爱恩 史吧考恩偷 诶呃於夫嫩。歪呃些 发偶麻利太特恩 造欧 慢 打败 诶呃雷迪根

中文 我想开一个储蓄账户,请问如何办理?

德文 Wie hoch ist zur Zeit der Zinssatz?

谐音 无意 后和 伊斯特 促呃 蔡特 得呃 次印斯咋次

中文 请问现行的存款利率是多少？

德文 Füllen Sie ein Formular aus, zahlen Sie dann 10 Euro ein und schließlich bekommen Sie ein Sparbuch.

谐音 佛语 乐恩 恣意 爱恩 发哦目辣呃 奥斯，擦乐恩 恣意 但 次诶恩 鳌鱼喽 爱恩 吴恩特 史哩斯里希 波靠门 恣意 爱恩 史吧呃不喝

中文 请先填一张申请表，然后再存10欧元，最后我们会发一个存折给您。

德文 Hier ist Ihr Sparbuch. Bringen Sie es mit, wenn Sie Geld einzahlen möchten. Ist es verloren, sagen Sie uns bitte sofort Bescheid.

谐音 和叶 伊斯特 一呃 史吧呃不喝。补零恩 恣意 艾斯 密特，为恩 恣意 盖欧特 爱恩擦乐恩 卖鱼 西特恩。伊斯特 艾斯 非呃喽乐恩，杂跟 恣意 无恩 斯 比特呃 走发偶特 波西特

中文 这是您的存折，存款时请带来，如若遗失请立即通知银行。

德文 Danke sehr.

谐音 当可 贼呃

中文 谢谢。

德文 Können Sie mich über den Eurokurs von heute informieren?

谐音 可晕嫩 恣意 密西 余波 得恩 鳌鱼喽库呃斯 否恩 好于特呃 音发偶 密呃 了恩

中文 您能告诉我现行欧元的兑换率是多少吗?

德文 Ein Euro kann man in acht RMB umtauschen.

谐音 爱恩 鳌鱼喽 看 慢 印 啊赫特 人民币 乌木涛深

中文 一欧元兑换八元人民币。

德文 Zeigen Sie mir bitte Ihren Personalausweis oder andere Ausweise

谐音 才跟 恣意 密呃 比特呃 一乐恩 拍呃走那偶奥斯外丝 欧德呃 安得了呃 奥斯外丝

中文 请出示您的身份证或其他有效证件。

德文 Ich möchte alle Überweisung in HKD umtauschen.

谐音 依稀 卖鱼希特呃 阿勒 余波外宗 印 行抗到拉 乌木涛深

中文 我想把汇款全部兑换成港元。

德文 Jawohl, warten Sie bitte einen Moment. Füllen Sie bitte die Quittung aus.

谐音 呀吴呕,哇哦 特恩 恣意 比特呃 爱嫩 某闷特。佛语 乐恩 恣意 比特额 第 可无意通 奥斯

中文 好的,请稍等,请您填好这张单据。

德文 Tut mir leid, das können wir heute nicht erledigen.

谐音 吐特 密呃 赖特，达斯 可晕嫩 物业 好于 特呃尼希特 诶呃雷迪根

中文 对不起，今天我们无法办理这项业务。

德文 Schauen Sie bitte nach, ob ich eine Einzahlung aus Beijing habe.

谐音 烧恩 恣意 比特呃 那赫，奥破 依稀 哎呢 爱恩擦龙 奥斯 北京 哈勃

中文 请帮我查一下是否有一笔来自北京的汇款。

德文 Einen Moment bitte, ich schaue mal nach.

谐音 爱嫩 某闷特 比特呃，依稀 烧呃 骂欧 那赫

中文 请稍等，我给您查一下。

德文 Ich möchte den Geldschein in Münzen wechseln

谐音 依稀 卖鱼希特呃 德恩 盖鸥特晒恩 印 魔运 侧恩 歪克瑟恩

中文 我想把这张钞票换成一元的硬币。

德文 Ich möchte Fonds kaufen. Können Sie mir etwas empfehlen?

谐音 依稀 卖鱼希特呃 发哦恩次 靠分。可晕嫩 恣意 艾特哇斯 诶木破非 乐恩

中文 我想买基金，您有什么好的建议吗？

德文 Sehen Sie bitte mal nach, ob meine Überweisung angekommen ist.
谐音 贼恩 恣意 比特呃 骂欧 那赫,奥破 麦呢 余波歪宗 安葛靠门 伊斯特
中文 请帮我查一下我的汇款到了吗?

德文 Jawohl. Einen Moment bitte. Schon angekommen.
谐音 呀吴鸥。爱嫩 某闷特 比特额。瘦恩 安葛靠门
中文 好的,请稍等。到了。

德文 Kann ich hier einen Scheck einlösen?
谐音 看 依稀 和叶 爱嫩 晒克 爱恩 了月怎
中文 我可以在这儿兑换支票吗?

德文 Ja, bitte schreiben Sie die Kontonummer auf die Rückseite des Schecks
谐音 呀,比特额 史来本 恣意 第 考恩头奴摩 奥夫 第 律克在特呃 得斯 晒克斯
中文 可以,请在支票的背面写上账号。

相关词汇

德文	die Bank	das Konto	das Girokonto
谐音	低 棒克	达斯 靠恩偷	达斯 日一喽靠恩偷
中文	银行	账户	转账账户

德文	das Sparkonto	der Reisescheck	die Kreditkarte
谐音	达斯 史吧呃靠恩偷	得呃 赖泽晒克	低 可哩帝特咔呃 特呃
中文	储蓄账户	旅行支票	信用卡

德文	der Wechselkurs	der Betrag	der Geldschein
谐音	得呃 歪克瑟欧酷呃斯	得呃 波特辣客	得呃 盖鸥特晒恩
中文	汇率	金额	纸币

德文	Bargeld	wechseln	das Kleingeld
谐音	吧呃 盖鸥特	歪克瑟恩	达斯 可赖恩盖鸥特
中文	现金	换钱	零钱

德文	die Münze	das Formular	einzahlen
谐音	低 魔运测	达斯 发哦目辣呃	爱恩擦了恩
中文	硬币	表格	存入

德文	auszahlen	überweisen	die Unterschrift
谐音	奥斯擦了恩	余波歪怎	吴恩特史立夫特
中文	支付	转账	签名

德文	der Kunde	die Kasse	der PIN-Kode
谐音	坤得呃	咔瑟呃	得呃 聘抠得呃
中文	顾客	付款处	密码

德文	die Bankgebühr	der Zinssatz	die Kontoüberziehung
谐音	低 棒克葛波月	得呃 次印斯咋次	低 考恩投余波词义欧恩
中文	银行手续费	利率	透支

德文	die Hypothek	die Steuer	das Abhebungsformular
谐音	低 河鱼剖忒克	低 史刀约	达斯 啊破黑波恩斯发偶目辣
中文	抵押贷款	税	取款单

5 在医院

德文 Haben Sie Ihre Krankengeschichte und Ihren Krankenschein mitgenommen?
谐音 哈本 恣意 一乐呃 可郎克恩歌是以希特呃 吴恩特 了恩 可郎克恩 晒恩 泌特歌脑门
中文 你带病历和医疗卡了吗?

德文 Heute fühle ich mich nicht wohl.
谐音 好乎特呃 佛语 乐呃 依稀 密西 尼希特 喔欧
中文 今天我感觉不舒服。

德文 Was kann ich für Sie tun?
谐音 哇斯 看 依稀 赴约 恣意 吞
中文 您有什么问题吗?

德文 Was fehlt Ihnen?
谐音 哇斯 非欧特 一嫩
中文 您哪儿不舒服?

德文 Was haben Sie für Schmerzen?
谐音 哇斯 哈本 恣意 赴约 史卖呃 侧恩
中文 您有什么病痛?

德文 Ich fühle mich schlecht/ schwach/ nicht gut.
谐音 依稀 富于 乐呃 密西 史莱希特/史哇赫/尼希特 固特
中文 我感到不舒服/ 虚弱/ 不好。

德文 Ich habe keinen Appetit.
谐音 依稀 哈勃 开嫩 阿赔替特
中文 我胃口不好。

德文 Ich habe Kopf-/ Zahn-/ Hals-/ Ohren-/ Bauch-/ Magenschmerzen.
谐音 依稀 哈勃 靠破夫史卖呃 侧恩/灿史卖呃 侧恩/哈欧斯史卖呃 侧恩/欧乐恩史卖呃 侧恩/报赫史卖呃 侧恩/马格恩史卖呃 侧恩
中文 我头/ 牙/ 喉咙/ 耳朵/ 肚子/ 胃痛。

德文 Mein Kopf/ Hals tut mir weh.
谐音 麦恩 靠破夫/哈欧斯 吐特 密呃 为
中文 我头/ 喉咙痛。

德文 Ich kann nicht gut schlafen.
谐音 依稀 看 尼希特 固特 史拉分
中文 我睡眠不好。

德文 Ich habe Durchfall/ Verstopfung/ Fieber/ Herzbeschwerden/ Schnupfen/ Husten.
谐音 依稀 哈勃 度呃西 发欧/非呃史道破福欧恩/辅以波/嗨呃次波史歪呃 德恩/史奴普分/胡斯特恩
中文 我腹泻/ 大便不通/ 发烧/ 心脏不好/ 伤风/ 咳嗽。

德文 Sie werden bald wieder gesund.
谐音 恁意 歪呃 德恩 罢欧特 无意 得呃 歌尊特
中文 会很快好起来的。

德文 Ich gehe bald zum Arzt.
谐音 依稀 给呃 罢欧特 粗木 啊呃次特
中文 一会儿去看医生。

德文 Können Sie mich zum Arzt begleiten?
谐音 可晕嫩 恣意 密西 粗木 啊呃次特 波歌来特恩
中文 你能陪我去医院吗？

德文 Sie sollen sofort Medikamente einnehmen.
谐音 恣意 早了恩 走发欧呃特 没地卡门特呃 爱恩内门
中文 赶快吃点儿药吧。

德文 Wie lange sind Sie schon krank/ erkältet?
谐音 无意 郎呃 子伊恩特 恣意 瘦恩 可浪客/诶呃 开欧特特
中文 您病/ 感冒多长时间了？

德文 Wie lange haben Sie schon Fieber/ Schmerzen?
谐音 无意 郎呃 哈本 恣意 瘦恩 辅以波/史卖呃 侧恩
中文 您发烧/ 疼痛有多久了？

德文 Ich habe seit gestern/ Montag Zahnschmerzen/ Fieber/ Husten.
谐音 依稀 哈勃 在特 该斯特恩/毛恩踏克 灿史卖呃 侧恩/辅以波/胡斯特恩
中文 我从昨天/ 星期一起牙痛/ 发烧/ 咳嗽。

德文 Bitte machen Sie sich frei. Atmen Sie tief. Zeigen Sie die Zunge.

谐音 比特呃 吗很 恣意 恣意西 福来。啊特们 恣意 替夫。才跟 恣意 第 次欧恩呃

中文 请您解开上衣。深呼吸。请伸出舌头。

德文 Wir müssen den Urin untersuchen.

谐音 物业 摸鱼森 得恩 五淋 吴恩特组很

中文 我们得进行尿检。

德文 Sie müssen sich röntgen lassen.

谐音 恣意 摸鱼森 恣意西 轮特跟 拉森

中文 您得照 X 光。

德文 Ich schreibe Ihnen ein Rezept auf.

谐音 依稀 史来波 一嫩 爱恩 嘞菜破特 奥夫

中文 我给您开一个处方。

德文 Nehmen Sie dieses Mittel/ diese Tabletten dreimal täglich nach dem Essen ein.

谐音 内们 恣意 狄泽斯 泌特欧/狄则 塔布莱 特恩 得来骂欧 泰克里希 那赫 得木 艾森 爱恩

中文 服这个药/ 药片,每天三次,饭后服。

- **德文** Nehmen Sie dreimal täglich zwei Tabletten/ einmal am Tag eine Tablette/ alle zwei Stunden 10 Tropfen.
- **谐音** 内们 恣意 得来骂欧 泰克里希 此外 塔布来特恩/爱恩骂欧 啊目 踏克 哎呢 塔布来特呃/阿乐呃 此外 史吨德恩 侧诶恩 特涝扑分
- **中文** 每天三次，每次2片/ 每天一次，每次1片/ 每2小时一次，每次10滴。

- **德文** Dieses Medikament nehmen Sie auf nüchteren Magen ein.
- **谐音** 狄泽思 美的卡门特 内门 恣意 奥夫 女希特乐恩 吗跟 爱恩
- **中文** 这种药空腹服用。

- **德文** Sie müssen Bettruhe haben.
- **谐音** 恣意 摸鱼森 拜特路呃 哈本
- **中文** 您得卧床休息。

- **德文** Sie müssen sich operieren lassen.
- **谐音** 恣意 摸鱼森 恣意西 欧破立业 乐恩 拉森
- **中文** 您得动手术。

- **德文** Ich möchte etwas gegen Grippe/ Halsschmerzen/ Husten/ Durchfall.
- **谐音** 依稀 卖鱼希特呃 艾特哇斯 给跟 歌哩颇/哈欧斯史卖呃 侧恩/胡斯特恩/度呃西发偶
- **中文** 我要一些治流感/ 喉咙痛/ 咳嗽/ 腹泻的药。

德文 Ich habe Kopfschmerzen. Mir ist übel und ich möchte mich sogar übergeben.

谐音 依稀 哈勃 靠破夫史卖呃 侧恩。密呃 伊斯特 於呗欧 吴恩特 卖鱼希特呃 走嘎呃 密西 余波雷根

中文 我觉得头疼、恶心还想吐。

德文 Seit einiger Zeit fühle ich mich im Herzen nicht wohl.

谐音 在特 艾尼歌 蔡特 佛语 乐呃 依稀 密西 一恩姆 嗨呃 测恩 尼希特 吴鸥

中文 我感觉心脏不舒服已经有一段时间了。

德文 Diese Zeit ist mir immer schwach.

谐音 第则呃 蔡特 伊斯特 密呃 一摸呃 史哇赫

中文 我这段时间一直感觉很虚弱。

德文 Abends leide ich an schlimmem Husten.

谐音 阿本次 来得呃 依稀 按 史哩么目 胡斯特恩

中文 我晚上咳嗽得厉害。

德文 Mir ist immer schwindlig. Ich weiß nicht, was mit mir los ist.

谐音 密呃 伊斯特 一么呃 是无垠特里希。依稀 外丝 尼希特, 哇斯 密特 密呃 漏斯 伊斯特

中文 我老觉得头晕,不知道是怎么回事儿。

德文 Zuerst messe ich Ihren Blutdruck und Ihre Temperatur.

谐音 促诶呃斯特 麦瑟呃 依稀 一乐恩 补录特 得路克 吴恩特 一乐呃 太木破拉吐呃

中文 我先给您量一下血压，测一下体温。

德文 Machen Sie sich den Oberkörper frei. Ich horche Sie jetzt ab.

谐音 吗很 恣意 恣意西 得恩 欧泊可可颇 福来。依稀 豪呃些 恣意 叶次特 阿破

中文 请解开您的上衣和衬衫，我来听听您的心肺。

德文 Seit wann haben Sie die Beschwerden?

谐音 在特 万 哈本 恣意 第 泊史歪呃 德恩

中文 什么时候开始的?

德文 Seit letztem Monat.

谐音 在特 来次特木 某纳特

中文 从上个月开始就这样断断续续的。

德文 Seit letzer Woche, schätze ich.

谐音 在特 来次特呃 哇偶和，晒测 依稀

中文 我算一下，大概是从上周就开始了。

德文 Gehen Sie bitte mit diesem Rezept zur Apotheke und dann kommen Sie zu mir.

谐音 给恩 恣意 比特呃 密特 第则目 嘞菜破特 促呃 阿剖忒可 吴恩特 但 靠门 恣意 促 密呃

中文 请拿这张处方到药房取药然后再回来找我。

都市生活篇

德文 Brauche ich keine Ergänzungsbehandlungen?

谐音 补老何呃 依稀 开呢 诶呃干葱丝波汗特龙恩

中文 我不用再做些辅助治疗了吗?

德文 Wann kann ich wieder gesund werden? Muss ich im Bett bleiben?

谐音 万 看 依稀 无意 得呃 葛尊特 歪呃 德恩? 慕斯 依稀 一恩姆 拜特 补来奔

中文 多长时间能好啊? 我用不用卧床休息啊?

德文 Sie brauchen keine Diät zu halten. Trinken Sie viel Wasser oder Saft, essen Sie wenig fettes, und ziehen Sie sich warm an.

谐音 恣意 捕捞很 开呢 底艾特 促 哈偶特恩。特灵肯 恣意 辅以偶 哇色 欧德呃 扎夫特,艾森 恣意 威尼西 附爱特斯 吴恩特 次印 子依稀 哇 呃目 按

中文 您没必要忌食,多喝些白开水或果汁,少吃油腻食物,注意保暖。

德文 Vielen Dank, Frau/Herr Doktor. Ich werde auf Sie hören.

谐音 辅以 乐恩 当克,福劳/嗨呃 刀客偷。依稀 外呃 得呃 奥夫 恣意 合约 乐恩

中文 谢谢您,医生,我会照您的吩咐做的。

德文 Zur Zeit bin ich immer nervös und nicht gut gelaunt.

谐音 促呃 蔡特 比恩 依稀 一抹呃 奶五月斯 吴恩特 尼希特 固特 葛烙恩特

中文 我最近总是感觉到很紧张,而且有时候心情很郁闷。

德文 Keine Sorge, nicht so schlimm.
谐音 开呢 糟呃葛，尼希特 挨 史利姆
中文 别担心，没有那么严重。

德文 Seien Sie guter Laune und machen Sie eine Reise. Sie brauchen Erholung.
谐音 在恩 恣意 古特呃 劳呢呃 吴恩特 吗很 恣意 哎呢 赖泽。恣意 补牢很 诶呃 侯隆
中文 保持良好的心情，给自己放个长假出去旅游，好好放松一下。

德文 Ich kann nicht gut schlafen und bin immer aufgeregt.
谐音 依稀 看 尼希特 固特 史拉分 吴恩特 比恩 一抹呃 奥夫葛嘞克特
中文 我最近经常失眠而且总是心慌意乱的。

德文 Halten Sie eine Diät? Sie haben jetzt keine gesunde Gesichtsfarbe.
谐音 哈偶特恩 恣意 哎呢 恣意 哈本 业次特 开呢 葛兹吴恩得 葛恣意希次 发呃拨
中文 你是不是在节食减肥，你的脸色不是很好。

德文 Der Arbeitsstress bei Ihnen ist zu groß. Sie bekommen vielleicht Schlafstörungen.
谐音 得呃 阿呃拜次史特赖斯 拜 一乐恩 伊斯特 促 葛漏斯。恣意 波靠门 辅以莱希特 史拉付史的月龙恩
中文 你的工作压力太大了，有失眠症的倾向。

德文 Ich habe immer Schnupfen und niese.
谐音 依稀 哈勃 一摸呃 史奴破分 吴恩特 倪泽呃
中文 我总是流鼻涕,而且还总打喷嚏。

德文 Sie haben einen typischen Heuschnupfen.
谐音 恣意 哈本 爱嫩 特与批深 好于史奴仆分
中文 您是典型的过敏性鼻炎。

德文 Ich habe eine Allergie gegen Blütenstaub. Wenn Blütenstaub sich im Frühling verbreitet, bekomme ich im Gesicht Pickel.
谐音 依稀 哈勃 哎呢 阿勒各意 给跟 补率特恩史道破。为恩 补率特恩史道破 恣意西 一恩姆 福率令 非呃补来特特,波考么呃 依稀 一恩姆 葛恣意希特 批可偶
中文 我对花粉过敏,一到春天传播花粉的时候脸上就起疙瘩。

德文 Ich habe eine Allergie gegen Penicillin.
谐音 依稀 哈勃 哎呢 阿勒各意 给跟 喷尼西林
中文 我对青霉素过敏。

德文 Seit einem Monat habe ich Zahnschmerzen.
谐音 在特 哎呢木 某纳特 哈勃 依稀 灿史卖呃 侧恩
中文 我的这颗牙已经疼了一个月了。

德文 Ich muss zunächst die Entzündung hemmen.
谐音 依稀 慕斯 促奈希斯特 第 恩特慈云东 嘿们
中文 我先给您消消炎。

德文 Ich muss zuerst die Temperatur messen.
谐音 依稀 慕斯 促诶呃斯特 第 太木破拉吐呃 麦森
中文 您先量量体温。

德文 In den letzten Tagen habe ich keinen Appetit.
谐音 印 德恩 来次特恩 他跟 哈勃 依稀 开嫩 阿陪替特
中文 我最近胃口不太好，什么也不想吃。

德文 Sie brauchen eine Magenspiegelung.
谐音 悠意 补牢很 哎呢 吗跟史逼葛龙
中文 您去做个胃镜。

德文 Machen Sie dann eine Blutprobe.
谐音 吗很 悠意 但 哎呢 补录特普喽波
中文 您再去验个血。

德文 Wann kann ich den Testbericht abholen.
谐音 万 看 依稀 德恩 泰斯特波李希特 阿破后乐恩
中文 什么时候才能知道结果？

德文 In drei Tagen.
谐音 印 得来 他跟
中文 三天后能出来结果。

德文 In eine halbe Stunde können Sie zum Untersuchungszentrum gehen den Testbericht abholen.
谐音 印 哎呢 哈欧本 史吨得 可晕嫩 恣意 粗木 吴恩 特呃组哄斯岑特路目 给恩 德恩 泰斯特波李希特 阿破后乐恩
中文 半个小时后去化验中心领取化验结果。

德文 Muss ich sofort im Krankenhaus liegen?
谐音 慕斯 依稀 走发偶特 一恩姆 可郎肯豪斯 哩跟
中文 我必须马上住院吗?

德文 Ja, Sie brauchen sofort eine Operation.
谐音 呀,恣意 补牢很 走发哦特 哎呢 欧破拉次一欧恩
中文 是的,您必须马上住院接受手术治疗。

德文 Geht es Ihnen etwas besser?
谐音 给特 艾斯 一嫩 艾特哇斯 拜瑟呃
中文 您感觉好些了吗?

德文 Ja, hier komme ich zur Nachbehandlung.
谐音 呀,和叶 考么呃 依稀 促呃 纳和波汗特龙
中文 我好些了,我来这里就是为了复查。

德文 Seit einer Woche habe ich schon aufgehört, Medikamente einzunehmen.

谐音 在特 哎呢呃 哇偶和 哈波 依稀 是欧恩 奥夫葛合约特， 没地卡门特呃 爱恩促内门

中文 我已经停药一周了，今天来复查一下。

德文 Mir geht es gar nicht besser.

谐音 密呃 给特 艾斯 嘎呃 尼希特 拜瑟呃

中文 我根本没有好转。

德文 Wie ist das Ergebnis der Nachbehandlung?

谐音 无意 伊斯特 达斯 诶呃给破尼斯 得呃 纳和汗特龙

中文 复查的结果怎么样？

德文 Sie sind schon wieder gesund.

谐音 恣意 恣意恩特 瘦恩 无意 得呃 葛尊特

中文 您已经完全康复了。

相关词汇

德文	die Tablette	die Pille	die Augensalbe
谐音	低 他不来特呃	低 批了呃	低 奥根杂偶波
中文	药片	药丸	眼药膏

德文	Kapseln	der Sirup	der Saft
谐音	咔普则恩	得呃 恣意路破	得呃 咋福特
中文	胶囊	糖浆(浓)	糖浆(稀)

德文	Hustenbonbons	Tropfen	Tabletten einnehmen
谐音	胡斯特恩 布偶恩 布偶恩斯	特劳普分	他不来特恩 爱恩内门
中文	咳嗽含片	滴剂	吃药

德文	die Schlaftablette	die Antibabypillen	die Lösung für Nase
谐音	低 史辣夫他不来特呃	低 安替呗比批了恩	低 了月宗 赴约 拿则呃
中文	安眠药	避孕药	滴鼻净

6 在美发店

德文 Guten Tag! Ich habe mich heute Vormittag bei Ihnen angemeldet.

谐音 古特恩 塔克！依稀 哈勃 密西 好于特呃 发偶咪塔克 拜 一嫩 安葛买偶得特

中文 您好！我今天上午和您约好了。

德文 Ja, nehmen Sie bitte Platz.

谐音 呀，内门 恣意 比特呃 泼辣次

中文 对，请坐。

德文 Wird es noch lange dauern?

谐音 无意呃特 艾斯 闹和 郎呃 刀唔呃恩

中文 还要很长时间吗？

德文 Der Platz ist noch nicht frei. Mit zehn Minuten müssen Sie rechnen.

谐音 得呃 泼辣次 伊斯特 闹和 尼希特 弗莱。密特 次诶恩 米奴特恩 木鱼森 恣意 来袭呢恩

中文 现在还没空儿。您得等10分钟。

德文 Hier sind Zeitschriften und Illustrierte.

谐音 赫叶 恣意恩特 蔡特史立夫特恩 吴恩特 一鲁斯特力呃 特呃

中文 这是杂志和画报。

德文 Sie sind an der Reihe, mein Herr. Wie hätten Sie es denn gern?

谐音 恣意 恣意恩特 安 得呃 来呃，麦恩 嘿呃。无意 嗨特恩 恣意 艾斯 得恩 给恩

中文 轮到您了，先生。您想要个什么发型？

德文 Meine Dame, Sie sind jetzt an der Reihe. Was darf es sein?

谐音 麦呢 达摩，恣意 恣意恩特 安 得呃 来呃。哇斯 达呃福 艾斯 在恩

中文 女士，现在轮到您了，您想怎样理发？

德文 Womit kann ich Ihnen dienen?

谐音 吴鸥泌特 看 依稀 一呢恩 第呢恩

中文 请问您需要哪些美发服务？

德文 Schneiden Sie mir bitte das Haar.

谐音 史耐得恩 恣意 密呃 比特呃 达斯 哈呃

中文 请您为我剪头发。

德文 Ich hätte gerne einen schicken Haarschnitt.

谐音 依稀 还特呃 给恩呢 哎呢恩 是一 科恩 哈呃史尼特

中文 我想剪一个时髦的发型。

德文 Ich möchte die Haare kürzer.

谐音 依稀 卖鱼希特呃 第 哈乐 可约测呃

中文 我想把头发剪短点儿。

德文 Können Sie mir die Haare färben?
谐音 可晕嫩 恣意 密呃 第 哈乐 附爱呃本
中文 可以给我染发吗？

德文 Ich möchte eine neue Frisur.
谐音 依稀 卖鱼希特呃 哎呢 闹与呃 福利组呃
中文 我想换个发型。

德文 Ich möchte nur meine Haare schneiden lassen.
谐音 依稀 卖鱼希特呃 怒呃 麦呢 哈乐 史耐得恩 拉森
中文 我只要修剪一下头发就可以了。

德文 Mein Haar braucht eine Haarkur.
谐音 麦恩 哈呃 补牢赫特 哎呢 哈呃 库呃
中文 我想做个营养。

德文 Was möchten Sie machen lassen?
谐音 哇斯 卖鱼希特恩 恣意 吗很 拉森
中文 您想要个什么样的发式？

德文 Möchten Sie eine Dauerwelle?
谐音 卖鱼希特恩 恣意 哎呢 刀唔呃歪了呃
中文 要波浪式发型吗？

德文 Wie lange dauert das?
谐音 无意 郎呃 刀唔呃特 达斯
中文 要多长时间?

德文 Können Sie mir eine Auswahl der neuesten Frisuren zeigen?
谐音 可晕嫩 恣意 密呃 哎呢 奥斯唔阿欧 得呃 闹月斯 特恩 浮力组乐恩 才跟
中文 能否给我看看最新的发型样式?

德文 Ja, bitte.
谐音 呀，比特呃
中文 可以。

德文 Ich würde Ihnen diese neue Frisur empfehlen, die steht Ihren Gesicht sehr gut.
谐音 依稀 五月得呃 一嫩 第则呃 闹月呃 浮力组呃 诶木破菲 乐恩，第 史得特 一了月 歌恣意希特 在古特
中文 我建议您做这款新发型，这种发型很适合您的脸型。

德文 OK, ich finde sie auch schön.
谐音 欧剋，依稀 福音 得呃 恣意 奥赫 是运
中文 好吧，我也觉得不错。

德文 Was kostet ein Haarschnitt?
谐音 哇斯 考斯特特 爱恩 哈呃史尼特
中文 光剪发多少钱?

德文 Wie viel kostet Schneiden und Waschen?
谐音 无意 辅以偶 考斯特特 施耐德恩 吴恩特 哇神
中文 剪和洗多少钱？

德文 Ich werde mein Bestes tun, Ihre Bedürfnisse zu erfüllen.
谐音 依稀 歪呃得呃 麦恩 百斯特斯 吐恩，一乐呃 波缔约福尼斯 促 诶呃 富于 乐恩
中文 我将尽量满足您的要求。

德文 Die Haare müssen zuerst / nicht gewaschen werden.
谐音 第 哈乐呃 木鱼森 粗诶呃斯特/尼希特 歌哇神 歪呃 德恩
中文 先洗/不用洗头发。

德文 Möchten Sie sich die Haare waschen lassen?
谐音 卖鱼希特恩 恣意 子依稀 第 哈乐呃 哇神 拉森
中文 您想洗洗头发吗？

德文 Ja, bitte.
谐音 呀，比特呃
中文 行，洗吧。

德文 Nein, ich habe die Haare gerade waschen lassen.
谐音 乃恩，依稀 哈勃 第 哈乐呃 歌拉得 哇神 拉森
中文 不用了，我刚刚洗完。

德文 Das Wasser ist zu heiß/kalt.
谐音 达斯 哇色呃 伊斯特 促 嗨斯/卡偶特
中文 水太热/凉了。

德文 Wollen Sie es auch kürzer?
谐音 哇偶 乐恩 悠意 艾斯 奥赫 可约 测呃
中文 您想要短点儿吗?

德文 Nein, nicht zu kurz.
谐音 乃恩,尼希特 促 库呃次
中文 不,不要太短。

德文 Ist es recht so?
谐音 伊斯特 艾斯 莱希特 揍
中文 这样可以吗?

德文 Ja, gut.
谐音 呀,固特
中文 可以。

德文 Rasieren Sie mich auch bitte!
谐音 拉悠意 乐恩 悠意 密西 奥赫 比特呃
中文 给我刮个胡子。

德文 Bitte etwas Haarwasser!
谐音 比特呃 艾特哇斯 哈呃哇瑟呃
中文 请加点儿发油!

德文 Bitte kein Gel.
谐音 比特呃 开恩 给偶
中文 不要发胶。

德文 Wollen Sie bitte in den Spiegel sehen?
谐音 哇偶 乐恩 恣意 比特呃 伊恩 德恩 史比个偶 贼恩
中文 请对着镜子看看，行吗？

德文 Ja, danke, sehr gut!
谐音 呀，当可呃，贼呃 固特
中文 很好，谢谢！

德文 Sind Sie mit dem Haarschnitt zufrieden?
谐音 字音特 恣意 泌特 得目 哈呃史尼特 促福利 德恩
中文 您对这个发型满意吗？

德文 Dahinten ist es mir etwas zu lang. Können Sie bitte etwas wegschdeiden?
谐音 打和音 特恩 伊斯特 密呃 哎特哇斯 促 浪。可晕嫩 恣意 比特呃 哎特哇斯 外客史耐德恩
中文 我觉得后面有点儿长，再修剪一下吧。

德文 Haarefärben ist jetzt in. Möchten Sie auch Ihre Haare färben lassen?
谐音 哈呃 附爱呃本 伊斯特 叶次特 印。卖鱼西特恩 恣意 奥赫 一乐呃 哈乐呃 附爱呃本 拉森
中文 现在很流行染发，要不您也染一下头发吧。

地道德语想说就说

德文 Ich möchte meine Haare braun färben lassen. Wie viel kostet das?
谐音 依稀 卖鱼希特呃 麦呢 哈乐呃 捕捞恩 附爱呃 本 拉森。无意 辅以偶 考斯特特 达斯
中文 我想染浅棕色的头发，需要多少钱？

德文 Hier links bitte noch ein wenig stutzen!
谐音 和叶 令科斯 比特呃 闹和 爱恩 为你西 史度侧恩
中文 左边这里请再修一修！

德文 Was bekommen Sie von mir?
谐音 哇斯 波靠门 恣意 赴欧恩 密呃
中文 我该付您多少钱？

(相关词汇)

德文	der Kamm	die Haarbürste	die Friseurin
谐音	得呃 卡姆	低 哈呃博悦斯特呃	低 福利最林
中文	发梳	发刷	美发师

德文	das Waschbecken	der Frisierumhang	schneiden
谐音	达斯 瓦市白肯	得呃 福利子夜乌木夯	史耐得恩
中文	洗头盆	罩衫	剪

德文	kämmen	bürsten	ausspülen
谐音	开焖	不悦斯特恩	奥斯史博宇 乐恩
中文	梳头	刷头发	冲洗

德文	föhnen	legen	der Föhn
谐音	佛语呢恩	雷根	得呃 佛语恩
中文	吹干	定型	吹风机

德文	das Shampoo	der Lockenstab	die Schere
谐音	达斯 沙姆瀑	得呃 劳肯史大破	低 谁乐呃
中文	洗发水	卷发钳	剪刀

德文	die Haarspülung	der Haarreif	das Haargel
谐音	低 哈呃史博宇龙	得呃 哈呃莱夫	达斯 哈呃给偶
中文	护发素	发卡	发胶

德文	der Lockenwickler	das Haarspray	die Haarklammer
谐音	得呃 劳肯无意克勒呃	达斯 哈呃史不累	低 哈呃可拉莫
中文	卷发夹子	定型水	发卡

德文	der Pferdeschwanz	der Zopf	die Hochfrisur
谐音	得呃 匍匐爱呃得史万次	得呃 搓匍匐	低 后河浮力组呃
中文	马尾辫儿	麻花辫儿	法式盘头

德文	der Haarknoten	die Schwänzchen	der Bubikopf
谐音	得呃 哈呃可挠特恩	低 史万次新	得呃 不比靠谱夫
中文	发髻	小辫儿	女式短发

德文	der Kurzhaarschnitt	kraus	die Dauerwelle
谐音	得呃 库呃次哈呃史尼特	可劳斯	低 刀呃歪乐呃
中文	短发	卷发	烫发

德文	glatt	die Strähnen	kahl
谐音	葛辣特	低 史特来嫩	卡偶
中文	直发	挑染	秃顶

德文	die Perücke	das Haarband	fettig
谐音	低 拍呃律克呃	达斯 哈呃拌特	附爱体系
中文	假发	发带儿	油性发质

德文	trocken	normal	die Schuppen
谐音	特烙克恩	挠骂欧	低 书破恩
中文	干性发质	中性发质	头皮屑

德文	die Kopfhaut	die gespaltenen Haarspitzen	glätten
谐音	低 靠谱夫浩特	低 葛史罢欧特恩 嫩	葛莱特恩
中文	头皮	发梢分岔	拉直

7 在干洗店

德文 Entschuldigen Sie bitte. Ich möchte bei Ihnen einige Kleidungsstücke waschen lassen. Wie ist der Preis?

谐音 安特输欧地跟 恣意 比特呃！ 依稀 麼诶希特 呃 拜 一嫩 艾尼歌 柯来东斯史的鱼可 哇深。 无意 伊斯特 得呃 普赖斯

中文 我想在这儿洗几件衣服，得花多少钱？

德文 Normalwaschen kostet 20 Yuan und für Expresswaschen müssten Sie noch 10 Prozent mehr bezahlen.

谐音 闹麻欧哇深 考斯特特 次午安 次诶系 元 吴恩 特 赴约 诶科斯普莱斯哇深 模色斯特恩 恣意 闹和 次诶恩 普喽次诶恩特 没呃 波擦了恩

中文 正常洗的话要20元，快洗的话得加10%的费用。

德文 Das Waschen eines kurzen Mantels kostet 20 Yuan. Wenn Sie mehr als drei waschen lassen, dann bekommen Sie 12% Ermäßigung.

谐音 达斯 哇深 哎呢死 库呃岑 曼特欧斯 考斯特特 次午安 次诶系 元。无诶恩 恣意 没呃 啊欧斯 得来 哇深 拉森，但 波靠门 恣意 次外偶福 普 喽次诶恩特 诶呃买肆意公

中文 一件短大衣要20元钱，超过三件以上我们可以给您打8.8折。

德文 Brauchen Sie das dringend?

谐音 捕捞很 恣意 达斯 得令恩特

中文 您的衣服急着取吗？

地道德语想说就说

德文 Ja, das brauche ich dringend.
谐音 呀,达斯 不老和 依稀 得令恩特
中文 是啊,这衣服我等着穿。

德文 Nicht so dringend, es sollte bis zum Samstag fertig sein.
谐音 尼希特 揍 得令恩特,艾斯 造欧特呃 比斯 粗木 咋慕斯踏克 附爱呃体系 在恩
中文 不怎么着急,周六之前给我就行了。

德文 Ich brauche es dringend. Es ist besser, dass es morgen vormittag vor 10 Uhr fertig ist.
谐音 依稀 不老和 艾斯 得令恩。艾斯 伊斯特 白色 呃,达斯 艾斯 猫呃跟 发偶咪塔克 发偶 次诶恩 唔呃 附爱呃体系 伊斯特
中文 挺着急的,您最好明天上午十点之前帮我洗完。

德文 Wann kann mein Kleidungsstück fertig sein?
谐音 万 看 麦恩 柯来东斯史的鱼克 附爱呃体系 在恩
中文 我的衣服什么时候能洗好?

德文 Für Reinigen braucht man normalerweise drei Tage.
谐音 赴约 莱尼跟 捕捞赫特 慢 闹麻了无碍则呃 得来 他哥
中文 干洗一般需要三天的时间。

德文 Keine Sorge. Wir können den beseitigen.
谐音 开呢呃 早呃歌。物业 可晕嫩 得恩 波载体跟
中文 放心吧,我们会想办法把它洗掉。

德文 In der Regel braucht man einen Tag. Wenn es dringend ist, können wir es auch etwas früher fertig machen.

谐音 伊恩 得呃 雷格偶 捕捞赫特 慢 爱嫩 塔克。无诶恩 艾斯 得令恩特 伊斯特，克云嫩 物业 艾斯 奥赫 艾特无阿斯 负率呃 附爱呃体系 吗很

中文 一般都要一天的时间，但如果有特殊需要的话，我们可以赶一赶。

德文 Bis spätabend können diese Kleidungsstücke fertig sein.

谐音 比斯 史拜特阿本特 克云嫩 第则 柯来东斯史的鱼可 附爱呃体系 在恩

中文 这些衣服今天傍晚之前就能洗好。

德文 Sehen Sie bitte mal, kann dieser Fleck entfernt werden?

谐音 贼恩 悠意 比特呃 骂欧，看 第则呃 福来克 恩特附爱恩特 无碍呃 德恩

中文 您看看这个污渍能洗掉吗？

德文 Das ist Suppe. Kein Problem. Er kann bestimmt beseitigt werden.

谐音 达斯 伊斯特 租颇。开恩 普喽波类目。诶呃 看 博士蒂姆特 波载体希特 无碍呃 德恩

中文 您这是沾上菜汤了吧，没问题，肯定能洗掉。

德文 Stellen wir zuerst die Größe fest.

谐音 史呆了恩 物业 促诶呃斯特 第 歌略 瑟呃 附爱斯特

中文 我先给您量一下身长。

德文 Sollen die Kleidungsstücke gewaschen oder gereinigt werden?

谐音 早了恩 第 柯来东斯史的鱼可 歌哇深 欧德 歌来尼希特 歪呃德恩

中文 这些衣服是要干洗还是水洗？

德文 Die Hemden und die Sportswear sollen gewaschen und der Mantel gereinigt werden.

谐音 第 海姆德恩 吴恩特 第 时报次歪呃 早了恩 歌哇深 吴恩特 得呃 曼特欧 歌来尼希特 歪呃德恩

中文 衬衫和运动衫水洗，羊绒大衣干洗。

德文 Ich möchte meinen Mantel abholen.

谐音 依稀 卖鱼 稀特 买嫩 曼 特欧 啊破侯了恩

中文 我来取大衣。

德文 OK, Ihre Quittung bitte.

谐音 欧尅，意乐呃 可无意同 比特呃

中文 好的，请给我看一下您的收据好吗？

德文 Tut mir leid, Ihr Mantel ist noch nicht fertig. Können wir ihn Ihnen bringen, wenn er fertig ist?

谐音 吐特 咪呃 赖特，一呃 曼特欧 伊斯特 闹和 尼希特 附爱呃体系。可晕嫩 物业 伊恩 一嫩 补零恩，吴恩 诶呃 附爱呃体系 伊斯特

中文 对不起，您的衣服还没有洗好，明天洗好了我们给您送上门好吗？

德文 Einen Moment, Ihren Mantel bitte.

谐音 爱嫩 某们特，一乐恩 慢特偶 比特呃

中文 请稍等，这是您的大衣。

德文 Tut mir leid, mein Herr, Ihr Mantel hat die Farbe verloren. Entschuldigen Sie bitte. Wir werden Sie dafür entschädigen.

谐音 吐特 咪呃 赖特，麦恩 嗨呃，一呃 慢特偶 哈特 第 发呃波 非呃楼乐恩。安特输欧地跟 恣意 比特呃！物业 歪呃德恩 恣意 打赴约 恩特晒低跟

中文 对不起，先生，您的大衣有点儿洗退色了，我们诚心地为此抱歉，我们会赔偿您的大衣的。

相关词汇

德文	reinigen	waschen	bügeln
谐音	莱尼跟	哇神	不予跟
中文	干洗	洗	烫

德文	die Vollreinigung	die Wäscherei	der Waschsalon
谐音	低 发偶莱尼工	低 歪佘赖	得呃 蛙式咋隆
中文	全干洗	洗衣店	自助洗衣店

德文	die Waschmaschine	das Waschpulver	der Baumwollstoff
谐音	低 蛙式马诗意呢	达斯 蛙式普偶唔呃	得呃 鲍姆哇偶史道夫
中文	洗衣机	洗衣粉	棉布

德文	das Seidengewebe	die Expressreinigung	die Haftung
谐音	达斯 在的恩葛威波	低 伊科斯普赖斯来泥工	低 哈弗通
中文	丝织品	加快干洗	担保

都市生活篇

二、旅行必备篇

Made In Germany

1 交通出行

（1）飞机

订票

德文 Ich möchte für morgen einen Platz nach Frankfurt reservieren.

谐音 依稀 卖鱼希特呃 佛日 毛呃跟 爱嫩 普拉次 那赫 福郎克复呃特 雷在呃无意呃 乐恩

中文 我想订一个明天去法兰克福的座位。

德文 Einzel oder hin und zurück?

谐音 爱恩 侧偶 欧德 和印 吴恩特 粗律克

中文 单程还是往返？

德文 Wie viel kostet ein Flug nach Frankfurt?

谐音 无意 辅以偶 考斯特特 爱恩 福禄克 那赫 福郎克复呃特

中文 去法兰克福的机票要多少钱？

德文 Wie lange gilt das Flugticket?

谐音 无意 郎呃 各异欧特 达斯 福禄克替可以特

中文 这张机票的有效期是多久？

德文 Wann gent heute ein Flug nach Tokyo?

谐音 万 给特 好于 特呃 爱恩 福禄克 那赫 偷可由

中文 今天飞往东京的航班什么时候起飞？

德文 Gibt es eine direkte Flugverbindung nach Frankfurt?

谐音 各异破特 艾斯 爱嫩 底赖客特呃 福禄克非呃宾东 那赫 福郎克复呃特

中文 去法兰克福有没有直航班机?

德文 Morgen gibt es einen direkten Flug nach Frankfurt.

谐音 毛呃跟 各异破特 艾斯 爱嫩 底赖客特呃 福禄克 那赫 福郎克复呃特

中文 明天有一个航班直飞法兰克福。

德文 Wann gent der nächste Flug nach Belgien?

谐音 万 给特 得呃 奈希斯特呃 福禄克 那赫 白鸥 隔音

中文 去比利时的下一班飞机什么时候起飞?

办理登机手续

德文 Entschuldigen Sie bitte! Wann kann ich einchecken?

谐音 恩特数欧迪戈恩 恣意 比特呃! 万 看 依稀 爱恩痴爱肯

中文 何时办理登机手续?

德文 Sie müssen 45 Minuten oder eine Stunde früher ankommen und einchecken.

谐音 恣意 摸鱼森 佛韵腹吴恩特复叶 次诶西 米努特恩 欧德呃 哎呢 史吨得 福率呃 安靠门 吴恩特 爱恩痴爱肯

中文 您必须在提前45分钟或1小时之内到机场办理登机手续。

德文 Schauen Sie bitte auf den Bildschirm

谐音 烧恩 恣意 比特呃 奥夫 德恩 必欧特是以呃目

中文 你最好看一下大屏幕。

德文 Das Flugzeug hat eine Verspätung. Achten Sie bitte auf die Rundfunkmeldung.

谐音 达斯 福禄克草鱼克 哈特 哎呢 非呃史白通。啊赫特恩 恣意 比特呃 奥夫 第 伦特弗恩克 买欧东

中文 飞机延误了，你还是听广播通知吧！

德文 Kann ich jetzt einchecken?

谐音 看 依稀 叶次特 爱恩痴爱肯

中文 我可以办理登机手续了吗？

德文 Ja, bitte Ihren Personalausweis/Reisepass.

谐音 呀，比特呃 拍呃走恩那偶奥斯外丝/赖泽帕斯

中文 可以，请出示您的身份证/护照。

德文 Nein, warten Sie bitte einen Moment.

谐音 耐恩，哇呃特恩 恣意 比特呃 爱嫩 某闷特

中文 您的航班还没有开始办理登机手续，请稍等。

德文 Ich möchte im Raucherraum einen Platz am Fenster.

谐音 依稀 卖鱼希特呃 一恩姆 劳赫呃烙姆 爱嫩 普拉次 阿姆 分斯特呃

中文 我想要吸烟间里靠窗的座位。

旅行必备篇

德文 Bitte Ihr Ticket. Möchten Sie einen Platz am Fenster oder am Gang, mein Herr?

谐音 比特呃 一呃 踢可以特。卖鱼系特恩 恣意 爱嫩 普拉次 阿姆 分斯特呃 欧德呃 阿姆 杠麦恩 嗨呃

中文 请出示机票。你是要靠窗的还是要靠通道的座位,先生?

德文 Wir wollen im Nichtraucher einen Platz am Fenster.

谐音 物业 哇偶 乐恩 一恩姆 尼希特劳赫呃 爱嫩 普拉次 阿姆 分斯特呃

中文 我们一定要一个靠窗的座位,在禁烟区。

行李托运

德文 Bitte zeigen Sie mir Ihr Flugticket!

谐音 比特呃 才跟 恣意 密呃 一呃 福禄克踢可以特

中文 请出示您的机票!

德文 Darf ich die Tasche als Handgepäck mitnehmen?

谐音 达呃夫 依稀 第 他余 啊欧斯 汗特葛派克 泌特内门

中文 我可以把这个袋子作为随身行李携带吗?

德文 Entschuldigung! Als Handgepäck dürfen Sie nicht mehr als zwei Taschen mitnehmen.

谐音 恩特数欧迪公!啊欧斯 汗特葛派克 的约分恣意尼希特 没呃 啊欧斯 次外 他深 泌特内门

中文 对不起,手拎行李不可以超过两件。

德文 Darf ich fragen, wie viel Gepäck ich mitnehmen kann?
谐音 达呃夫 依稀 弗拉跟，无意 辅以偶 葛派克 依稀 泌特内门 看
中文 请问，我可以携带多少行李？

德文 20 Kilo.
谐音 次午安 次诶系 可依喽
中文 20公斤。

德文 Wie viel Gepäck ist kostenfrei?
谐音 无意 辅以偶 葛派克 伊斯特 考斯特恩福赖
中文 可以免费带多少行李？

德文 Ich möchte die zwei Koffer und diese Reisetasche aufgeben.
谐音 依稀 卖鱼希特呃 第 此外 靠佛呃 吴恩特 第则 赖泽他余呃 奥夫给本
中文 我想把这两个箱子和这个旅行袋托运。

德文 Dann müssen Sie Übergewicht zahlen.
谐音 但 莫玉森 恣意 於波葛无意希特擦乐恩
中文 那您得付超重费。

德文 Versehen Sie mein Gepäck mit einer Marke!
谐音 非呃 贼恩 恣意 麦恩 葛派 克 泌特 哎呢 吗呃可
中文 请您为我的行李作个标记！

德文 Hier ist Ihre Bordkarte.
谐音 和叶 伊斯特 一乐呃 报呃特咔呃 特呃
中文 这是您的登机牌。

德文 Gehen Sie bitte durch die Passkontrolle!
谐音 给恩 恣意 比特呃 度呃西 第 帕斯考恩特劳乐呃
中文 请您去进行护照检查吧！

德文 Heute ist der Nebel sehr dicht. Die Sicht ist schlecht. Das Flugzeug wird mit Verspätung starten.
谐音 好于 特呃 伊斯特 得呃 内波偶 贼呃 蒂西特。第 恣意希特 伊斯特 史莱希特。达斯 福禄克草鱼克 物业特 泌特 非呃史白通 史达呃特恩
中文 今天有大雾，能见度很低，飞机得延迟起飞了。

安检

德文 Bitte die Sicherheitskontrolle.
谐音 比特呃 第 恣意些嗨次考恩特劳乐呃
中文 请您接受安全检查。

德文 Soll ich die Jacke ausziehen?
谐音 造欧 依稀 第 牙可 奥斯次印
中文 要脱掉外套吗？

德文 Was ist los? Gibt es Probleme?
谐音 哇斯 伊斯特 漏斯? 各异破特 艾斯 普喽波雷摸
中文 怎么了,有什么问题吗?

德文 Ich habe gar kein Handgepäck.
谐音 依稀 哈勃 嘎呃 开恩 汗特葛派克
中文 我什么行李都没带呀。

德文 Ich habe nichts zu verzollen.
谐音 依稀 哈勃 逆袭次 促 非呃糙乐恩
中文 我没有携带需要上税的东西。

德文 Aber Sie haben hier einige Armbanduhren.
谐音 阿伯 恣意 哈本 和叶 艾尼歌 啊呃目班特唔乐恩
中文 可是您这里有几块儿表。

海关

德文 Bitte zeigen Sie Ihren Reisepass!
谐音 比特呃 才跟 恣意 一乐恩 赖泽帕斯
中文 请出示您的护照!

德文 Haben Sie etwas zu verzollen?
谐音 哈本 恣意 艾特哇斯 促 非呃糙乐恩
中文 您有什么要申报的吗?

德文 Ich glaube nein.
谐音 依稀 葛劳勃 耐恩
中文 我想没有。

德文 Ist das Ihre Tasche?
谐音 伊斯特 达斯 一乐呃 他佘
中文 这是您的包吗?

德文 Ja, das hier ist meine Tasche.
谐音 呀，达斯 和业 伊斯特 麦呢 他佘
中文 是的。这是我的包。

德文 Würden Sie bitte die Tasche öffnen?
谐音 吴越 德恩 恣意 比特呃 第 他佘 呃约福嫩
中文 您能把包打开看看吗?

德文 Was ist in dem Koffer? Öffnen Sie ihn bitte !
谐音 哇斯 伊斯特 印 得目 靠佛? 呃约福嫩 恣意 印 比特呃
中文 行李箱里面有什么? 请您打开它!

德文 Bitte sehr!
谐音 比特呃 贼呃
中文 请便吧!

德文 Was ist das?
谐音 哇斯 伊斯特 达斯
中文 这是什么?

德文 Das sind nur Geschenke.
谐音 达斯 恣意恩特 怒呃 葛深可
中文 那不过是些礼物。

德文 Und das hier ist mein Laptop.
谐音 吴恩特 达斯 和叶 伊斯特 麦恩 来破套破
中文 这是我的手提电脑。

德文 Ich habe hier nur Dinge für den persönlichen Bedarf.
谐音 依稀 哈勃 和叶 怒呃 丁呃 赴约 得恩 拍呃 紫云离心 波大呃夫
中文 我这里只有些个人用品。

德文 Muss ich auch die Geschenke verzollen?
谐音 慕斯 依稀 奥赫 第 葛深可 非呃糙乐恩
中文 这些礼品我也要上税吗?

德文 Kann ich den Koffer wieder zumachen?
谐音 看 依稀 德恩 靠佛 无意得 促吗很
中文 我可以把皮箱关起来了吗?

旅行必备篇

德文 Ja, alles klar.
谐音 呀，阿嘞斯 可辣呃
中文 是的，都清楚了。

德文 Danke sehr. Sie können wieder einpacken.
谐音 当可 贼呃。恣意 可晕嫩 无意得 爱恩趴肯
中文 谢谢。您可以把东西装进去了。

德文 Wie lange halten Sie sich in Deutschland auf？
谐音 无意 郎呃 哈偶特恩 恣意 恣意西 印 到於吃兰特 奥弗
中文 您预计在德国待多久？

德文 Zwei Wochen.
谐音 次外 哇偶很
中文 两个星期。

德文 Ich bin auf Geschäftsreise hier.
谐音 依稀 鬓 奥夫 葛晒复次赖泽 和叶
中文 我是因公务来这里的。

德文 Danke schön, auf Wiedersehen !
谐音 当可 顺，奥夫 无意得贼恩
中文 谢谢，再见！

德文 Hier haben Sie Ihren Reisepass zurück!
谐音 和叶 哈本 您意 一乐恩 赖泽帕斯 促律克
中文 请拿回您的护照！

机上服务

德文 Was trinken Sie?
谐音 哇斯 特灵肯 您意
中文 您想喝点儿什么？

德文 Einen Orangensaft bitte!
谐音 爱嫩 敖浪忍扎夫特 比特呃
中文 我需要一杯橙汁！

德文 Eine Tasse Tee bitte!
谐音 哎呢 他色呃 忒诶 比特呃
中文 我要一杯茶！

德文 Kann ich eine Bettdecke haben?
谐音 看 依稀 哎呢 拜特呆可 哈本
中文 请给我一条毯子，好吗？

德文 Kein Problem. Sonst noch etwas?
谐音 开恩 普喽波类目。早恩斯特 闹和 艾特哇斯
中文 好的，还需要其他的服务吗？

旅行必备篇

德文 Ich fühle mich nicht wohl. Ist hier auch ein Arzt?
谐音 依稀 佛语 乐呃 密西 尼希特 吴鸥。伊斯特 和叶 奥赫 爱恩 啊呃次特
中文 我有点儿不舒服,飞机上有随机医生吗?

机上用餐

德文 Möchten Sie Hühnerfleisch oder Rindfleisch?
谐音 卖鱼希特恩 悠意 和雨呢弗莱是 欧德呃 林特弗莱是
中文 您需要鸡肉套餐还是牛肉套餐?

德文 Hühnerfleisch bitte.
谐音 和雨呢弗莱是 比特呃
中文 鸡肉套餐。

德文 Haben Sie hier auch vegetarisches Essen?
谐音 哈本 悠意 和叶 奥赫 为给他立舍斯 艾森
中文 您这里有素食吗?

德文 Darf ich doppelt haben?
谐音 达呃福 依稀 刀破偶特 哈本
中文 我可以要双份套餐吗?

德文 Tut mir leid, jeder darf nur eins haben.
谐音 吐特 密呃 赖特,叶得 达呃福 怒呃 爱恩斯 哈本
中文 不好意思,我们每个人配额一份套餐。

德文 Sind Sie fertig?
谐音 恣意恩特 恣意 附爱呃体系
中文 您用餐结束了吗?

德文 Ja, Sie können die Servierplatte rücknehmen.
谐音 呀,恣意 可晕嫩 第 在呃 物业普拉特 律克内门
中文 是的。可以把盘子收走了。

德文 Nein, noch nicht. Kann ich ein Glas Wasser haben?
谐音 耐恩,闹和 尼希特。看 依稀 爱恩 葛辣斯 哇色 哈本
中文 还没有,能给我一杯白开水吗?

德文 Kann ich das Essen für Zuckerkranke haben?
谐音 看 依稀 达斯 艾森 赴约 粗可可郎可 哈本
中文 能否给我一份糖尿病病人食物?

德文 Darf ich selbst bestellen?
谐音 达呃夫 依稀 在哦破斯特 波史带了恩
中文 我可以自己点餐吗?

德文 Ja. Passagiere der ersten Klasse können alle selbst Essen bestellen.
谐音 呀。趴撒日夜 乐呃 得呃 诶呃斯特恩 可拉瑟 可晕嫩 阿勒 在哦破斯特 波史带了恩
中文 可以,一等舱的客人都可以自己点餐。

旅行必备篇

下飞机后

德文 Sagen Sie mir bitte, wo ich Geld umtauschen kann.
谐音 咋跟 恣意 密呃 比特呃，吴鸥 依稀 盖鸥特 乌木淘神 看
中文 请问在哪儿可以兑换纸币？

德文 Ich brauche etwas Kleingeld.
谐音 依稀 补牢和 艾特哇斯 可赖恩盖鸥特
中文 我需要换一些零钱。

德文 Kann ich hier Renminbi in Euro umtauschen?
谐音 看 依稀 和叶 人民币 鳌鱼楼 乌木淘神
中文 我能把人民币换成欧元吗？

德文 Können Sie Englisch sprechen?
谐音 可晕嫩 恣意 恩应李氏 史普莱辛
中文 你可以说英语吗？

德文 Können Sie mir bitte sagen, wo eine Telefonzelle ist?
谐音 可晕嫩 恣意 密呃 比特呃 咋跟，吴鸥 哎呢 忒嘞 否恩才乐呃 伊斯特
中文 请问哪里有公用电话？

领取行李

德文 Wo soll ich mein Gepäck abholen?
谐音 吴鸥 造欧 依稀 麦恩 葛派克 啊破后乐恩
中文 我该在哪儿取行李?

德文 Holen wir schnell unser Gepäck von der Rollbahn ab!
谐音 后乐恩 物业 史耐欧 吴恩 泽呃 葛派克 赴欧恩 得呃 烙欧拌 啊破
中文 我们赶快把行李从传送带上取下来吧!

德文 Die Handwagen da in der Ecke stehen Ihnen kostenlos zur Verfügung.
谐音 第 汗特哇跟 达 印 得呃 哎可 史得恩 一嫩 考斯特恩漏斯 促呃 非呃 佛语公
中文 角落里的那些手推车供各位免费使用。

德文 Mein Koffer ist nicht mitgekommen.
谐音 麦恩 靠佛 伊斯特 尼希特 泌特葛靠门
中文 我的行李没到。

德文 Mit dem Flug aus Schanghai.
谐音 泌特 德恩目 福禄克 奥斯 上海
中文 从上海来的航班。

德文 Mit welcher Gesellschaft?
谐音 泌特 歪欧些 葛在呃沙富特
中文 哪个航空公司?

德文 Mit der Lufthansa.
谐音 泌特 得呃 路福特韩咋
中文 汉莎。

德文 Haben Sie in Frankfurt eine Zwischenladung gemacht?
谐音 哈本 恣意 印 弗朗科复呃特 哎呢 次无意深拉动 葛骂赫特
中文 您在法兰克福转的机吗？

德文 Ja. Von dort bin ich dann direkt nach Düsseldorf geflogen.
谐音 呀。否恩 到呃特 鬓 依稀 但 底赖客特 那赫 德语 瑟欧 到呃夫 葛福楼跟
中文 对。之后我是从那里直飞杜塞尔多夫的。

德文 Zeigen Sie mir bitte Ihr Ticket.
谐音 才跟 恣意 密呃 比特呃 一呃 题可以特
中文 把您的票给我看看。

德文 Hier bitte.
谐音 和叶 比特呃
中文 给您。

德文 Wie sieht Ihr Koffer aus?
谐音 无意 恣意特 一呃 靠佛 奥斯
中文 您的行李箱是什么样的？

德文 Es ist ein großer blauer Koffer.
谐音 艾斯 伊斯特 爱恩 葛楼色呃 捕捞呃 靠佛
中文 是个蓝色的大箱子。

德文 Entschuldigung, Ihr Koffer ist noch in Frankfurt.
谐音 恩特数欧迪公，一呃 靠佛 伊斯特 闹和 印 弗朗科复呃特
中文 对不起，您的行李还在法兰克福机场。

德文 Können Sie Ihre Adresse hinterlassen? Wir benachrichtigen Sie, wenn der Koffer kommt.
谐音 可晕嫩 恣意 一乐呃 阿得莱塞 和音特拉森？物业 波那赫提跟 恣意，为恩 得呃 靠佛 考木特
中文 您能留下联系地址吗？行李到后我们会通知您的。

德文 Ja, kein Problem. Ich wohne im Hotel Holiday Inn.
谐音 呀，开恩 普喽波类目。依稀 吴鸥呢 一恩姆 后太欧 号了第 印
中文 好吧。我住在假日酒店。

德文 Hier ist die Telefonnummer.
谐音 和叶 伊斯特 第 忒雷否恩奴摩
中文 这是电话号码。

德文 Unterschreiben Sie bitte die Verlustanzeige.
谐音 吴恩特史来本 恣意 比特呃 第 非呃路斯特安才葛
中文 请填写这张报失表。

德文 Geht es denn so?
谐音 给特 艾斯 得恩 揍
中文 这样可以吗?

德文 Ja, Danke.
谐音 呀, 当可
中文 可以,谢谢。

德文 Kann ich jetzt gehen?
谐音 看 依稀 页次特 给恩
中文 现在可以走了吗?

德文 Ja, wir werden Sie so schnell wie möglich benachrichtigen, wenn Ihr Koffer da ist.
谐音 呀, 物业 外呃 德恩 恣意 走 史耐欧 无意 摸约克里希波那赫提跟,为恩 得呃 靠佛 达 伊斯特
中文 可以,您的行李到后,我们会尽快通知您的。

相关词汇

德文	starten	landen	fliegen
谐音	史大呃特恩	兰德恩	福利跟
中文	起飞	着陆	飞行

德文	die Economyclass	die Businessclass	das Handgepäck
谐音	低 诶考呢米可辣斯	低 鼻子尼斯可辣斯	达斯 汗特葛派克
中文	经济舱	商务舱	手提行李

德文	der Sicherheitsgurt	das Gepäckband	der Auslandsflug
谐音	得呃 恣意些嗨次顾呃特	达斯 葛派克半特	得呃 奥斯兰茨福禄克
中文	安全带	行李传送带	国际航线

德文	der Inlandsflug	die Flugnummer	die Passkontrolle
谐音	得呃 音兰茨福禄克	低 福禄克奴摩	低 帕斯考恩特捞了呃
中文	国内航线	航班号	入境检查

德文	der Zoll	das Übergepäck	einen Flug buchen
谐音	得呃 糙欧	达斯 於波葛派克	爱嫩 福禄克 不很
中文	海关	超重行李	订机票

德文	einchecken	der Terminal	die Fluggastbrücke
谐音	爱恩 吃爱肯	得呃 台呃咪那偶	低 福禄克嘎斯特补率可
中文	办理登机手续	候机楼	登机通道

德文	der Kofferkuli	die Bordkarte	das Visum
谐音	得呃 靠佛哭里	低 报特咔呃特呃	达斯 无意组姆
中文	行李推车	登机牌	签证

德文	die Gatenummer	die Abflughalle	der Abflug
谐音	低 给特奴摩	低 啊破福禄克哈乐呃	得呃 啊破福禄克
中文	登机门号	候机大厅	出发

德文	das Reiseziel	die Ankunft	der Duty-free-Shop
谐音	达斯 来则词义欧	低 安困福特	得呃 丢忒-弗瑞-邵坡
中文	目的地	抵达	免税店

旅行必备篇

（2）出租车

德文 Bestellen Sie mir bitte das Taxi.
谐音 波史带了恩 恣意 密呃 比特呃 达斯 他克思怡
中文 请为我叫辆出租车。

德文 Guten Tag ! Hier Zhang. Ich brauche ein Taxi .
谐音 古特恩 踏克！和叶 张。依稀 补牢和 爱恩 他克思怡
中文 您好，我姓张，我要一辆出租车。

德文 Danke.
谐音 当可
中文 谢谢。

德文 Können Sie mir mit dem Gepäck behilflich sein ?
谐音 可晕嫩 恣意 密呃 泌特 得木 葛派克 波合意欧夫里希 在恩
中文 您能帮我把行李放好吗？

德文 Wohin möchten Sie?
谐音 吴鸥 和印 卖鱼系特恩 恣意
中文 您想去哪里？

德文 Bitte schnallen Sie sich an !
谐音 比特呃 史那乐恩 恣意 恣意西 按
中文 请您系好安全带！

德文 Können Sie in einer halben Stunde zum Flughafen kommen? Ich habe es eilig.

谐音 可晕嫩 恣意 印 哎呢 哈欧本 史吨德恩 粗木福禄克哈分 靠门？依稀 哈勃 艾斯 爱里西

中文 您能半个小时内到达飞机场吗？我赶时间。

德文 Jawohl, meine Dame !

谐音 呀吴鸥，麦呢 达摩

中文 好吧，女士！

德文 Wie lange dauert die Fahrt?

谐音 无意 郎呃 倒唔呃特 第 发特

中文 整个路程要多长时间？

德文 Je nach der Verkehrslage etwa zwanzig Minuten.

谐音 叶 那赫 得呃 非呃 魀呃斯拉格 艾特哇 次午安 次诶西 米奴特恩

中文 根据交通情况大约要20分钟。

德文 Da wären wir.

谐音 达 歪乐恩 物业

中文 我们到了。

德文 Schon da?

谐音 瘦恩 达

中文 已经到了？

旅行必备篇

德文 Was bekommen Sie von mir?
谐音 哇斯 波靠门 慾意 否恩 密呃
中文 我该付您多少钱？

德文 Zehn Euro bitte.
谐音 次诶恩 鳌鱼楼 比特呃
中文 10欧元。

（3）火车

德文 Wo ist der nächste Bahnhof?
谐音 吴鸥 伊斯特 得呃 奈希斯特呃 班厚福
中文 最近的火车站在什么地方？

德文 Einmal Hamburg bitte, zweite Klasse!
谐音 爱恩 骂欧 汉姆不呃克 比特呃，此外特呃 可拉瑟呃
中文 我要一张去汉堡的车票，二等车厢！

德文 Einfach oder hin und zurück?
谐音 爱恩发赫 欧德呃 和印 吴恩特 促律克
中文 要单程还是往返票？

德文 Eine Rückfahrkarte! Was kostet die Fahrt nach Hamburg?
谐音 哎呢 律克发呃咔呃 特呃！哇斯 考斯特特 第 发呃特 那赫 汉姆不呃克
中文 要一张往返票！去汉堡的车票要多少钱？

德文 Wie lange gilt meine Karte?
谐音 无意 郎呃 各异欧特 麦呢 咔呃 特呃
中文 我的票有效期是多久？

德文 Einen Monat.
谐音 爱嫩 某纳特
中文 一个月。

德文 Ich möchte gerne einen Platz reservieren.
谐音 依稀 卖鱼希特呃 该呃呢 爱嫩 普拉次 雷在呃 物业 乐恩
中文 我想先订一张票（座位）。

德文 Wieviel kostet eine Rückfahrkarte zweiter Klasse nach München?
谐音 无意 辅以偶 考斯特特 哎呢 律克发呃咔呃 特呃 此外特呃 可拉色 那赫 没晕辛
中文 到慕尼黑的二等舱的车票是多少钱一张？

德文 Haben Sie einen Nichtraucher-Platz?
谐音 哈本 恣意 爱嫩 尼希特劳赫普拉次
中文 有没有无烟车厢（座位）？

德文 Wann kommt der Zug von Hamburg an?
谐音 万 考木特 得呃 促克 否恩 汉姆不呃克 按
中文 从汉堡来的火车什么时间到站？

旅行必备篇

德文 Wann geht der nächste Zug nach Hannover?
谐音 万 给特 得呃 奈希斯特呃 促克 那赫 韩呢偶 唔呃
中文 到汉诺威的下一班火车几点出发?

德文 Wann kommt er dort an?
谐音 万 考木特 诶呃 到呃特 按
中文 什么时候能到?

德文 Von welchem Bahnsteig fährt der Zug ab?
谐音 否恩 外偶 斜目 拌史代客 附爱呃特 得呃 促克 啊破
中文 火车从哪一个站台出发?

德文 Muß ich umsteigen?
谐音 慕斯 依稀 乌木史带跟
中文 我需要换乘别的车吗?

德文 Wie lange dauert die Fahrt?
谐音 无意 郎呢 倒唔呃特 第 发呃特
中文 需要多长时间才能到呢?

德文 Zeigen Sie mir bitte Ihre Fahrkarte!
谐音 才跟 恣意 密呃 比特呃 一乐呃 发呃 咔呃 特呃
中文 请出示您的车票。

德文 Wo ist mein Platz?
谐音 吴鸥 伊斯特 麦恩 普拉次
中文 请问我的座位在哪里？

德文 Sie haben einen falschen Platz genommen.
谐音 恣意 哈本 爱嫩 发偶沈 普拉次 葛脑门
中文 您坐错位置了。

德文 Echt? Lass mich mal meine Fahrkarte bestätigen.
谐音 爱希特？辣斯 密西 骂欧 麦呢 发呃 咔呃 特呃 波史带地跟
中文 是吗？让我核对一下我的车票好吗？

德文 Verzeihen Sie bitte, ich habe mich geirrt.
谐音 非呃才恩 恣意 比特呃，依稀 哈勃 密西 葛意呃特
中文 对不起，是我大意了。

德文 Hat der Zug einen Speisewagen?
谐音 哈特 得呃 促克 爱嫩 史白泽哇跟
中文 火车上有没有餐车？

德文 Wann fängt das Essen im Speisewagen an?
谐音 万 附爱恩特 达斯 艾森 一恩姆 史白泽哇跟 按
中文 餐车什么时间开饭？

(相关词汇)

德文	der Zug	der Bahnsteig	die Gepäckablage
谐音	得呃 促克	得呃 拌史戴克	低 葛派克啊破拉格
中文	火车	站台	行李架

德文	das Zugfenster	das Gleis	der Lautsprecher
谐音	达斯 促克分斯特呃	达斯 葛赖斯	得呃 劳特史普来写
中文	车窗	轨道	扩音器

德文	der Fahrplan	die Fahrkarte	der Sitz
谐音	得呃 发呃普兰	低 发呃咔呃特呃	得呃 恣意次
中文	列车时刻表	车票	座位

德文	die Eingangssperre	der Speisewagen	das Schlafabteil
谐音	低 爱恩杠斯史拜了呃	得呃 史白泽哇跟	达斯 史辣夫啊破太偶
中文	检票口	餐车	卧铺车厢

德文	die Bahnhofshalle	der Intercity	die Verspätung
谐音	低 班厚福斯哈乐呃	得呃 音特肆意 特意	低 非呃史呗通
中文	车站大厅	城际列车	晚点

（4）地铁

德文 Fährt die U-Bahn nach Longyang-Weg?
谐音 附爱呃特 第 无拌 那赫 龙阳维克
中文 这是去龙阳路方向的地铁吗？

德文 Zwei Fahrkarten zum Tor des Himmlischen Friedens
谐音 此外 发呃咔呃 特恩 粗木 透呃 得斯 合意目里 深 弗里德恩斯
中文 要两张去天安门的地铁票。

德文 Können Sie mir bitte sagen, wie ich die Fahrkarte benutze?
谐音 可晕嫩 恣意 密呃 比特呃 咋跟，无意 依稀 第 发呃咔呃 特呃 波奴测
中文 你能告诉我怎么使用地铁票吗？

德文 Können Sie mir bitte zeigen, wie der Automat bedient wird?
谐音 可晕嫩 恣意 密呃 比特呃 才跟，无意 得呃 鳌头马特 波迪恩特 物业特
中文 您能为我示范一下怎么用售票机吗？

（5）租车

德文 Wieviel soll ich für das Mieten des Autos bezahlen?
谐音 无意 辅以偶 造欧 依稀 赴约 达斯 咪特恩 得斯 鳌头斯 波擦了恩
中文 租这辆车要多少钱？

德文 Wie lange möchten Sie es mieten?
谐音 无意 郎呃 卖鱼西特恩 恣意 艾斯 咪特恩
中文 您要租用多长时间？

德文 Was für ein Auto möchten Sie?
谐音 哇斯 赴约 爱恩 鳌头 卖鱼西特恩 恣意
中文 您需要什么样的车呢?

德文 Haben Sie billigere Autos?
谐音 哈本 恣意 比里格乐呃 鳌头斯
中文 你有经济型车吗?

2 遇到不便

（1）语言不通

德文 Ich kann nicht Deutsch.
谐音 依稀 看 尼希特 到淤哧
中文 我不会讲德语。

德文 Wie bitte?
谐音 无意 比特呃
中文 你说什么？

德文 Können Sie einfaches Deutsch sprechen?
谐音 可晕嫩 恣意 爱恩发赫斯 到淤哧 史扑来新
中文 请您用简单点儿的措辞好吗？

德文 Ich weiß nicht, wie ich mich ausdrücken soll.
谐音 依稀 外丝 尼希特，无意 依稀 密西 奥斯得律肯 造欧
中文 我表达不清楚。

德文 Wir möchten eine Reiseleiterin/einen Reiseleiter suchen, die/der Chinesich spricht.
谐音 物业 卖鱼西特恩 哎呢 赖泽来特淋/赖泽来特呃 组很，第/得呃 西呢诶资诶湿 史普利希特
中文 我们想请一位会说汉语的导游。

德文 Ich weiß nicht, wie man das auf Deutsch sagt.
谐音 依稀 外丝 尼希特, 无意 慢 达斯 奥夫 到淤哧 咋克特
中文 我不知道这用德语怎么说。

德文 Ich habe dich nicht verstanden.
谐音 依稀 哈勃 蒂西 尼希特 非呃史丹德恩
中文 我没听懂你在说什么。

（2）迷路

德文 Wo sind wir jetzt eigentlich?
谐音 吴鸥 恣意 恩特 物业 页次特 爱根特里希
中文 我们现在是在什么地方呢？

德文 Können Sie unsere Lage auf der Landkarte zeigen?
谐音 可晕嫩 恣意 吴恩泽乐呃 拉格 奥夫 得呃 兰特咔呃特呃 才跟
中文 请指出我们现在在地图上的位置好吗？

德文 Können Sie mir bitte sagen, wie ich zum Bahnhof komme?
谐音 可晕嫩 恣意 密呃 比特呃 咋跟, 无意 依稀 粗木 拌后附 考么呃
中文 您能告诉我怎样去火车站吗？

德文 Wie komme ich dorthin?
谐音 无意 考么呃 依稀 到呃特和印
中文 我怎样才能到那儿？

德文 Sagen Sie mir bitte, ob hier in der Nähe eine Bushaltestelle ist?

谐音 咋跟 恣意 密呃 比特呃，奥破 和叶 印 得呃 耐呃 哎呢 不思哈偶特史带了呃 伊斯特

中文 请问这附近有公交车站吗？

德文 Können wir zu Fuß gehen? Ist es weit von hier?

谐音 可晕嫩 物业 促 赴斯 给恩？伊斯特 艾斯 外特 否恩 和叶

中文 能走着去吗？远不远？

德文 Wie lange muss ich zu Fuss gehen?

谐音 无意 郎呃 慕斯 依稀 促 赴斯 给恩

中文 步行要多长时间？

（3）生急病

德文 Mir ist plötzlich kalt. Ich zittere sogar.

谐音 密呃 伊斯特 破了月次里希 卡偶特。依稀 词义特乐呃 走嘎呃

中文 我突然觉得冷，并且发抖。

德文 Ich muss zum Arzt, je schneller, desto besser.

谐音 依稀 慕斯 粗木 啊呃次特，叶 史耐乐呃，戴斯头 拜瑟呃

中文 我要见医生，越快越好。

德文 Hilfe!
谐音 合意欧佛
中文 救命啊!

德文 Sie ist in Ohnmacht gefallen.
谐音 悠意 伊斯特 印 欧恩马赫特 葛发乐恩
中文 她晕过去了。

德文 Ihm muss man Erste Hilfe leisten.
谐音 一恩姆 慕斯 慢 诶呃斯特呃 合意欧佛 来斯特恩
中文 他需要急救!

德文 Arzt holen!
谐音 啊呃次特 后乐恩
中文 快叫大夫!

(4) 丢失物品

德文 Mein Pass ist verloren.
谐音 麦恩 帕斯 伊斯特 非呃楼乐恩
中文 我的护照丢了。

德文 Was soll ich denn jetzt machen?
谐音 哇斯 造欧 依稀 得恩 叶次特 吗很
中文 我该怎么办?

德文 Meine Brieftasche ist weg.
谐音 麦呢 卜立夫他余 伊斯特 外客
中文 我的钱包没了。

德文 Brandeilig!
谐音 布兰特爱里希
中文 十万火急!

德文 Komm!
谐音 靠目
中文 来人呀!

德文 Hilfe!
谐音 合意欧佛
中文 帮帮我!

德文 Dieb!
谐音 第破
中文 小偷!

德文 Einbrecher!
谐音 爱恩补来些
中文 抢劫!

> **德文** Ruf die Polizei!
>
> **谐音** 露富 第 剖里菜
>
> **中文** 叫警察！

> **德文** OK.
>
> **谐音** 偶尅
>
> **中文** 好的。

> **德文** Bitte sofort um Hilfe.
>
> **谐音** 比特呃 走法偶特 乌木 合意欧佛
>
> **中文** 快叫人帮助。

3 宾馆住宿

德文 Herzlich willkommen. Kann ich Ihnen einen Gefallen tun?
谐音 嗨呃次里希 无意欧考们。看 依稀 一嫩 爱嫩 葛发乐恩 吞
中文 欢迎光临。能为您效劳吗?

德文 Ich möchte einchecken.
谐音 依稀 卖鱼希特呃 爱恩 痴爱肯
中文 我要登记入住。

德文 Wie ist Ihr Name, bitte?
谐音 无意 伊斯特 一呃 那麼呃 比特呃
中文 能告诉我你的尊姓大名吗?

德文 Füllen Sie bitte das Formular aus!
谐音 佛语 乐恩 恣意 比特呃 达斯 发偶目 辣呃 奥斯
中文 请填写这张登记表好吗?

德文 Zeigen Sie mir bitte Ihren Pass.
谐音 才跟 恣意 密呃 比特呃 一乐恩 帕斯
中文 请出示您的护照。

德文 Können Sie mir Ihren Personalausweis zeigen?
谐音 可晕嫩 恣意 密呃 一乐恩 派呃走那偶奥斯外丝 才跟
中文 我能看看您的身份证件吗?

旅行必备篇

德文 Wann checken Sie aus?
谐音 万 痴爱肯 恣意 奥斯
中文 请告诉我退房时间，好吗？

德文 Ich brauche ein Einzelzimmer.
谐音 依稀 补牢和 爱恩 爱恩 测欧 词义摸
中文 我想要一个单人房间。

德文 Ich brauche ein ruhiges, von der Straße entferntes Zimmer.
谐音 依稀 补牢和 爱恩 路一格斯，否恩 得呃 史特拉瑟 恩特附爱恩特斯 词义摸
中文 我想要一个不靠路边的、安静的房间。

德文 Wieviel kostet ein Zimmer?
谐音 无意 辅以偶 考斯特特 爱恩 词义摸
中文 每晚的房费是多少？

德文 Haben Sie ein billigeres?
谐音 哈本 恣意 爱恩 比例歌嘞斯
中文 这儿有稍微便宜点儿的房间吗？

德文 Was für Einrichtungen sind im Zimmer?
谐音 哇斯 赴约 爱恩里希通恩 恣意恩特 伊恩目 词义摸
中文 房间里有什么设施？

德文 Der Gepäckträger wird Ihnen das Zimmer zeigen.
谐音 得呃 葛派克特来歌 物业特 一嫩 达斯 词义摸 才跟
中文 行李员会带你们到房间的。

德文 Ich schaue in der Buchungsnotiz nach.
谐音 依稀 烧呃 印 得呃 不哄斯呢偶梯次 那赫
中文 我检查一下您的预订记录。

德文 Wie möchten Sie bezahlen?
谐音 无意 卖鱼希特恩 恣意 波擦乐恩
中文 您将如何付款呢?

德文 Bitte Ihre Telefonnummer.
谐音 比特呃 一乐呃 忒雷否恩奴摩
中文 请留下您的电话号码。

德文 Ich möchte wissen, ob Sie mich morgens wecken können.
谐音 依稀 卖鱼希特呃 无意森,奥破 恣意 密西 毛呃跟斯 歪肯 可晕嫩
中文 不知道你们酒店是否有叫早服务。

德文 Bitte wecken Sie mich um 7 Uhr.
谐音 比特呃 歪肯 恣意 密西 乌木 恣意本 唔呃
中文 请在早上七点叫我起床。

旅行必备篇

德文 Wann ist das Frühstück?
谐音 万 伊斯特 达斯 扶间史德语克
中文 你们什么时候供应早餐?

德文 Dient das Telefon auch Ferngesprächen?
谐音 的印特 达斯 忒雷否恩 奥赫 附爱恩葛史普莱西
中文 电话能打外线吗?

德文 Wo kann ich Wäsche waschen lassen?
谐音 吴鸥 看 依稀 歪佘 哇神 拉森
中文 衣服送到哪里洗呢?

德文 Ich möchte zahlen.
谐音 依稀 卖鱼希特呃 擦了恩
中文 我准备结账。

德文 Kann ich die detaillierte Liste haben?
谐音 看 依稀 第 底太立业特呃 里斯特呃 哈本
中文 能给我明细表吗?

三、日常话题篇

1 谈论天气

（1）询问天气情况

德文 Wie ist das Wetter von heute?
谐音 无意 伊斯特 达斯 歪特 赴澳恩 好于特
中文 天气怎么样？

德文 Ist heute schönes Wetter?
谐音 伊斯特 好于特 是云呢斯 歪特
中文 今天会是个好天气吗？

德文 Weißt du, wie das Wetter heute ist?
谐音 外斯特 度，无意 达斯 歪特 好于特 伊斯特
中文 你知道天气会怎么样吗？

德文 Kommt der Regensturm bald?
谐音 考木特 得呃 雷根适度呃目 把偶特
中文 暴风雨是不是快来了？

（2）天气预报

德文 Hast du heute die Wettervorhersage gehört?
谐音 哈斯特 度 好于特 第 歪特发偶嘿呃咋歌 歌喝月特
中文 你早上听天气预报了吗？

德文 Ich höre täglich die Wettervorhersage.
谐音 依稀 喝月乐 太克里希 第 歪特发偶嘿呃咋歌
中文 我每天都听天气预报。

德文 Wie ist das Wetter laut der Wettervorhersage?
谐音 无意 伊斯特 达斯 歪特 劳特 得呃 歪特发偶嘿呃咋歌
中文 今天的天气预报怎么报的?

德文 Sonnig, leichter Nordwestwind, Regenschauer
谐音 遭你西，莱希特呃 闹特外斯特无伊恩特，雷根烧物呃
中文 晴，微弱的西北风，有阵雨。

德文 Es hatte im Wetterbericht geheißen, heute Abend zeitweise Schauer.
谐音 艾斯 哈特 一恩姆 歪特波利希特 歌海森，好于特 阿本特 蔡特无碍则 烧物呃
中文 天气预报说今天晚上有零星小雨。

(3) 好天气

德文 Das Wetter von heute ist wunderschön.
谐音 达斯 歪特 赴澳恩 好于特 伊斯特 吴恩得是云恩
中文 今天天气好极了。

德文 Die Sonne scheint.
谐音 第 早呢 晒恩特
中文 阳光灿烂。

德文 Schönes Wetter heute!
谐音 是云呢斯 歪特 好于特
中文 今天的天气真好哇!

德文 Wie schön das Wetter heute ist!
谐音 无意 是云恩 达斯 歪特 好于特 伊斯特
中文 多好的天气啊!

德文 Das Wetter sieht ganz schön aus.
谐音 达斯 歪特 悠意特 干次 赴澳恩 奥斯
中文 看起来天气不错。

德文 Schönes Wetter, nicht wahr?
谐音 是云呢斯 歪特,尼希特 哇呃
中文 很好的天气,不是吗?

德文 Ein herrlicher Abend.
谐音 爱恩 嗨呃里谢呃 阿本特
中文 真是一个明亮的夜晚。

德文 Wie schön das Mondlicht ist!
谐音 无意 是云恩 达斯 牟恩特李希特 伊斯特
中文 多好的月光啊!

德文 Weder kalt noch heiß.
谐音 未得 卡偶特 闹和 海斯
中文 不冷又不热。

德文 Wolkenlos.
谐音 哇偶肯娄思
中文 万里无云。

德文 Ich hoffe, dass das Wetter immer so heiter bleibt.
谐音 依稀 好佛, 达斯 达斯 歪特 一么 揍 海特 不来破特
中文 我希望天气会一直晴朗。

（4）坏天气

德文 Mieses Wetter!
谐音 米泽思 歪特
中文 糟糕的天气!

德文 Wie scheusslich das Wetter ist!
谐音 无意 邵玉思里希 达斯 歪特 伊斯特
中文 多么糟糕的天气哇!

德文 Scheussliches Wetter.
谐音 邵玉思里些斯 歪特
中文 如此令人讨厌的天气。

德文 Ich habe solches Wetter gar nicht gern.
谐音 依稀 哈勃 早欧些斯 歪特 嘎呃 尼希特 该呃恩
中文 我一点儿都不喜欢这种天气。

德文 Solches Wetter bleibt schon einen Monat.
谐音 早欧些斯 歪特 不来破特 邵恩 哎嫩 某纳特
中文 这样的天气已经持续一个月了。

（5）雷雨天气

德文 Morgen wird es wohl regnen.
谐音 猫呃跟 无意呃特 艾斯 吴鸥 雷克嫩
中文 明天可能会下雨。

德文 Haben Sie einen Regenschirm mitgebracht?
谐音 哈本 恣意 爱嫩 雷根是以呃目 米特歌不拉赫特
中文 你带雨伞了吗？

德文 Es sieht nach Regen aus. Gehen wir sofort weg!
谐音 艾斯 恣意特 纳和 雷根 奥斯。给恩 无意呃 走赴澳特 外客
中文 要下雨了，我们快走吧。

德文 Ich hoffe, dass es nicht mehr regnet.
谐音 依稀 好佛，达斯 艾斯 尼希特 没呃 雷克呢特
中文 我希望不要再下雨了。

德文 Ich fürchte, dass es bald regnet.
谐音 依稀 赴约希特，达斯 艾斯 罢欧特 雷克呢特
中文 恐怕要下雨了。

德文 Es donnert und blitzt.
谐音 艾斯 刀呢特 吴恩特 不历次特
中文 电闪雷鸣。

德文 Es scheint bald zu regnen.
谐音 艾斯 是哎恩特 罢欧特 促 雷克嫩
中文 好像要下雨了。

德文 Es nieselt.
谐音 艾斯 呢子偶特
中文 开始下小雨了。

德文 Vielleicht nur ein Regenschauer.
谐音 辅以莱希特 怒呃 爱恩 雷根烧物呃
中文 可能只是阵雨。

德文 Es regnet stark.
谐音 艾斯 雷克呢特 师大课
中文 雨下得很大。

德文 Es gießt in Strömen.
谐音 艾斯 个伊斯特 伊恩 史特雷雨门
中文 大雨倾盆。

德文 Es gießt den ganzen Tag in Strömen.
谐音 艾斯 个伊斯特 德恩 甘岑 塔克 伊恩 史特雷雨门
中文 大雨整天下个不停。

日常话题篇

德文 Ein Regensturm kommt.

谐音 爱恩 雷根适度呃目 考木特

中文 暴雨来了。

(6) 刮风天气

德文 Der Wind weht.

谐音 得呃 无意恩特 无诶特

中文 起/刮风了。

德文 Der Wind weht immer stärker.

谐音 得呃 无意恩特 无诶特 一么 时代呃可

中文 风越刮越大。

德文 Der Wind lässt nach.

谐音 得呃 无意恩特 莱斯特 那和

中文 风力减小了。

德文 Der Wind hat aufgehört zu wehen.

谐音 得呃 无意恩特 哈特 奥夫咯何玉呃特 促 无诶恩

中文 风停了。

德文 Der Taifun kommt bald.

谐音 得呃 太傅恩 考木特 罢欧特

中文 台风就要来了。

德文 Ich mag windiges Wetter nicht.
谐音 依稀 骂克 无意恩蒂格斯 歪特 尼希特
中文 我不喜欢刮风的天气。

（7）下雪天气

德文 Es kommt bald ein Schneesturm.
谐音 艾斯 考木特 罢欧特 爱恩 湿内适度呃目
中文 要有一场暴风雪。

德文 Es schneit bald.
谐音 艾斯 是奈特 罢欧特
中文 要下雪了。

德文 Es schneit so stark.
谐音 艾斯 是奈特 揍 师大课
中文 雪下得真大。

德文 Der Schnee ist geschmolzen.
谐音 得呃 湿内 伊斯特 歌时髦偶岑
中文 雪融化了。

德文 Wie schön die Winterlandschaft ist!
谐音 无意 是云恩 第 无意恩特兰特沙富特 伊斯特
中文 多美的雪景呀！

相关词汇

德文	windig	wolkig	neblig
谐音	无意恩蒂西	哇偶 可以吸	内破里希
中文	刮风的	多云的	有雾的

德文	bedeckt	bewölkt	trüb
谐音	波代课特	波哇偶与科特	特绿破
中文	阴天的	多云的	阴天的

德文	stürmisch	kühl	schwül
谐音	师弟月迷失	可与偶	食物与欧
中文	暴风的	凉爽的	闷热的

2 谈论时间

德文 Entschuldigen Sie bitte! Wieviel Uhr ist es jetzt?

谐音 安特输欧地跟 恣意 比特！无意 辅以偶 唔呃 伊斯特 艾斯 页次特

中文 打扰一下，请问现在几点？

德文 Es ist jetzt acht Uhr.

谐音 艾斯 伊斯特 页次特 阿赫特 唔呃

中文 现在八点了

德文 Können Sie mir bitte sagen, wieviel Uhr es jetzt ist?

谐音 可晕嫩 恣意 咪呃 比特 咋跟，无意 辅以偶 唔呃 艾斯 页次特 伊斯特

中文 请问现在几点了？

德文 Gegen sieben Uhr.

谐音 给跟 恣意本 唔呃

中文 大约七点钟。

德文 Es ist genau drei Uhr.

谐音 艾斯 伊斯特 个闹 得来 唔呃

中文 整三点。

地道德语想说就说

德文 Meine Uhr zeigt halb neun.
谐音 麦呢 唔呃 蔡克特 哈偶破 闹云
中文 我的表是八点半。

德文 Haben Sie die genaue Zeit?
谐音 哈本 恣意 第 个闹呃 蔡特
中文 您知道准确的时间吗？

德文 Es ist jetzt ungefähr/gegen drei Uhr.
谐音 艾斯 伊斯特 吴恩歌附爱呃/给跟 得来 唔呃
中文 现在大约是三点钟。

德文 Viertel nach neun.
谐音 复叶 特欧 纳和 闹云
中文 九点一刻。

德文 Viertel vor neun.
谐音 复叶 特欧 发哦 闹云
中文 八点四十五分。

德文 Fünf Minuten nach sechs.
谐音 浮云福 米奴特恩 纳和 再克斯
中文 六点零五分。

德文 Zehn vor acht

谐音 测印 发哦 啊赫特

中文 七点五十分。

德文 Um wie viel Uhr beginnt der Film?

谐音 乌木 无意 辅以偶 唔呃 波哥印特 得呃 辅以偶木

中文 电影几点钟开始?

德文 Um 10 Uhr.

谐音 乌木 测印 唔呃

中文 十点钟。

德文 Pünktlich um 11 Uhr 30.

谐音 破云科特里希 乌木 爱欧服 唔呃 得来斯诶西

中文 十一点三十分整。

德文 In einer halben Stunde.

谐音 伊恩 哎呢呃 哈偶本 石墩得

中文 要等半个小时。

德文 In zwei Stunden.

谐音 伊恩 此外 石墩德恩

中文 要等两个小时。

德文 Nicht vor sieben Uhr.

谐音 尼希特 发偶 恣意本 唔呃

中文 七点以后。

德文 Kurz nach neun Uhr.
谐音 库呃次 纳和 闹云 唔呃
中文 九点刚过。

德文 Wie lange dauert der Film?
谐音 无意 郎呃 到唔呃特 得呃 辅以偶木
中文 电影演多久？

德文 Von 8 bis 9 Uhr.
谐音 福偶恩 阿赫特 比斯 闹云 唔呃
中文 从八点到九点。

德文 Zwischen 10 und 12 Uhr.
谐音 次无意神 次印 吴恩特 次外偶福 唔呃
中文 十点到十二点之间。

德文 (Es ist) schon zu spät.
谐音 （艾斯 伊斯特）是偶恩 促 史拜特
中文 已经太迟了。

德文 Noch zu früh.
谐音 闹和 促 福率
中文 还太早。

德文 Geht diese Wand-/ Standuhr richtig?
谐音 给特 第则 唔安特唔呃/是丹特 唔呃 哩系体系
中文 这个钟准吗？

> 德文　Geht Ihre Armbanduhr richtig?
> 谐音　给特 一乐 阿呃目半特唔呃 哩系体系
> 中文　这个手表走得准吗？

> 德文　Sie geht vor/nach.
> 谐音　恣意 给特 赴澳/纳和
> 中文　它走得快/慢。

(相关词汇)

德文	fünf nach eins	zehn nach eins	Viertel nach eins
谐音	浮云福 那赫 爱恩斯	次印 那赫 爱恩斯	辅以额投 那赫 爱恩斯
中文	一点五分	一点十分	一点十五分

德文	zwanzig nach eins	fünf vor halb zwei	ein Uhr dreißig
谐音	次午安 次谈西 那赫 爱恩斯	浮云福 发哦 哈偶破 次无碍	爱恩 唔呃 得来斯谈系
中文	一点二十分	一点二十五	一点半

德文	fünf nach halb zwei	zwanzig vor zwei	Viertel vor zwei
谐音	浮云福 那赫 哈偶破 次无碍	次午安 次谈西 发哦 次无碍	辅以额投 发哦 次无碍
中文	一点三十五分	一点四十分	一点四十五分

德文	Zehn vor zwei	fünf vor zwei	zwei Uhr
谐音	次印 发哦 次无碍	浮云福 发哦 次无碍	次无碍 唔呃
中文	一点五十分	一点五十五分	两点

德文	morgens	vormittags	nachmittags
谐音	猫呃跟斯	发哦咪踏克斯	那赫咪踏克斯
中文	早上	上午	下午

3 谈论日期

德文 Der wievielte ist heute?
谐音 得呃 无意 辅以特 伊斯特 好于特
中文 今天是几号？

德文 Heute ist der zehnte.
谐音 好于特 伊斯特 得呃 次诶恩特
中文 今天10号。

德文 Der wievielte war gestern?
谐音 得呃 无意 辅以特 无阿呃 该斯特恩
中文 昨天是几号？

德文 Gestern war der neunte.
谐音 该斯特恩 无阿呃 得呃 闹云特
中文 昨天是9号。

德文 Der wievielte ist morgen?
谐音 得呃 无意 辅以特 伊斯特 猫呃跟
中文 明天是几号？

德文 Morgen ist der elfte.
谐音 猫呃跟 伊斯特 得呃 爱偶福特
中文 明天是11号。

德文 Welchen Tag haben wir heute?/Welcher Tag ist heute?

谐音 外偶新 塔克 哈本 无意呃 好于特/外偶写 塔克 伊斯特 好于特

中文 今天星期几？

德文 Heute ist Freitag.

谐音 好于特 伊斯特 福来塔克

中文 今天是星期五。

德文 Welcher Tag war gestern?/ Welchen Tag hatten wir gestern?

谐音 外偶写 塔克 无阿呃 该斯特恩/外偶新 塔克 哈特恩 无意呃 该斯特恩

中文 昨天是星期几？

德文 Gestern war Donnerstag.

谐音 该斯特恩 无阿呃 刀呢斯塔克

中文 （昨天）是星期四。

德文 Welcher Tag ist morgen?

谐音 外偶写 塔克 伊斯特 猫呃跟

中文 明天是星期几？

德文 Morgen ist Samstag.

谐音 猫呃跟 伊斯特 咋慕斯塔克

中文 明天是星期六。

德文 Wann wurdest du geboren?
谐音 五阿恩 无呃得斯特 度 歌波乐恩
中文 你是什么时间出生的?

德文 Wann hast du Geburtstag?
谐音 五阿恩 哈斯特 度 歌部呃次塔克
中文 你什么时间过生日?

德文 Was ist dein Tierzeichen?
谐音 无阿斯 伊斯特 戴恩 踢叶猜心
中文 你属什么?

德文 Mein Tierzeichen ist der Hund.
谐音 麦恩 踢叶猜心 伊斯特 得呃 混特
中文 我属狗。

德文 Ihr Tierzeichen ist der Ochse.
谐音 意呃 踢叶猜心 伊斯特 得呃 奥克瑟
中文 她属牛。

德文 Wann wurde die Volks Republik China gegründet?
谐音 五阿恩 无呃得 第 发偶科斯 雷普波力克 西纳 歌咯吕恩得特
中文 中华人民共和国是什么时候成立的?

德文 Am 1. Oktober 1949.

谐音 阿姆 诶呃斯特恩 奥克偷波 闹云岑混得特闹云 吴恩特复叶 次诶西

中文 1949年10月1日。

德文 Wann ist der deutsche Nationalfeiertag?

谐音 五阿恩 伊斯特 得呃 到淤咪呃 那穷那偶附爱叶塔克

中文 德国的国庆节在什么时候？

德文 Am 3. Oktober feiern die Deutschen den Nationalfeiertag.

谐音 阿姆 得力特恩 奥克偷波 附爱叶恩 第 到淤咪恩 德恩 那穷那偶附爱叶塔克

中文 德国人10月3日庆祝国庆节。

德文 Wann feiern die Chinesen das Frühlingsfest?

谐音 五阿恩 附爱叶恩 第 西内怎 达斯 夫律令斯副艾斯特

中文 什么时候过春节？

德文 Am 1. Januar nach dem Mondkalender.

谐音 阿姆 诶呃斯特恩 呀奴阿呃 纳和 的诶木 牟恩特卡莱恩德

中文 农历正月初一。

德文 In welchem Jahr bist Du geboren?

谐音 伊恩 外偶写目 呀呃 比斯特 度 歌波乐恩

中文 你是哪一年出生的？

德文 Ich bin 1968 geboren.

谐音 依稀 比恩 闹云岑混得特啊赫特吴恩特在熙次诶西 歌波乐恩

中文 我是1968出生的。

相关词汇

德文	heute	morgen	gestern
谐音	好于特呃	猫呃跟	该斯特恩
中文	今天	明天	昨天

德文	Montag	Dienstag	Mittwoch
谐音	毛恩塔克	迪恩斯塔克	咪特哇偶和
中文	星期一	星期二	星期三

德文	Donnerstag	Freitag	Samstag/Sonnabend
谐音	刀呢斯塔克	福来塔克	咋慕斯塔克/早恩阿本特
中文	星期四	星期五	星期六

德文	Sonntag	der erste	der zweite
谐音	早恩塔克	得呃 诶呃斯特	得呃 次无碍特
中文	星期天	一号	二号

德文	der dritte	der vierte	der fünfte
谐音	得呃 得哩特	得呃 复叶特	得呃 浮云福特
中文	三号	四号	五号

德文	der sechste	der siebte	der achte
谐音	得呃 再克斯特	得呃 恣意破特	得呃 阿赫特
中文	六号	七号	八号

德文	der neunte	der zehnte	der elfte
谐音	得呃 闹云特	得呃 次诶恩特	得呃 爱欧夫特
中文	九号	十号	十一号

德文	der zwölfte	der dreizehnte	der vierzehnte
谐音	得呃 此外偶福特	得呃 得来次诶恩特	得呃 复叶 次诶恩特
中文	十二号	十三号	十四号

德文	der fünfzehnte	der sechzehnte	der siebzehnte
谐音	得呃 浮云福 次诶恩特	得呃 在熙次诶恩特	得呃 恣意破次诶恩特
中文	十五号	十六号	十七号

德文	der achtzehnte	der neunzehnte	der zwanzigste
谐音	得呃 阿赫次诶恩特	得呃 闹云 次诶恩特	得呃 次午安 次诶西斯特
中文	十八号	十九号	二十号

德文	der einundzwanzigste	der zweiundzwanzigste	der dreiundzwanzigste
谐音	得呃 爱恩 吴恩特次午安 次诶西斯特	得呃 次无碍 吴恩特次午安 次诶西斯特	得呃 得来吴恩特次午安 次诶西斯特
中文	二十一号	二十二号	二十三号

德文	der vierundzwanzigste	der fünfundzwanzigste	der sechsundzwanzigste
谐音	得呃 复叶 吴恩特次午安 次诶西斯特	得呃 浮云 吴恩特次午安 次诶西斯特	得呃 再克斯 吴恩特次午安 次诶西斯特
中文	二十四号	二十五号	二十六号

日常话题篇

德文	der siebenundzwanzigste	der achtundzwanzigste	der neunundzwanzigste
谐音	得呃 恋意本吴恩特次午安 次诶西斯特	得呃 阿赫特吴恩特次午安 次诶西斯特	得呃 闹云 吴恩特次午安 次诶西斯特
中文	二十七号	二十八号	二十九号

德文	der dreißigste	der einunddreißigste
谐音	得呃 得来斯诶西斯特	得呃 爱恩 吴恩特得来斯诶西斯特
中文	三十号	三十一号

4 谈论季节、月份

德文 Es gibt vier Jahreszeiten: Frühling, Sommer, Herbst und Winter.

谐音 艾斯 各一破特 复叶 呀嘞斯才特恩：夫律令，早么呃，嗨呃破斯特 吴恩特 五音特呃

中文 一年有四个季节：春天，夏天，秋天和冬天。

德文 Welche Jahreszeit gefällt dir am besten?

谐音 外偶写 呀嘞斯才特 歌附爱偶特 第呃 阿姆 白斯特恩

中文 你最喜欢哪个季节？

德文 Der Sommer ist meine Lieblingsjahreszeit.

谐音 得呃 早么呃 伊斯特 麦呢 哩破另斯呀嘞斯才特

中文 我最喜欢夏天。

德文 Es ist im Sommer heiß und im Winter kalt.

谐音 艾斯 伊斯特 一恩姆 早么呃 海斯 吴恩特 一恩姆 五音特呃 卡偶特

中文 夏天热，冬天冷。

德文 Das Wetter im Frühling ist sehr angenehm. Es ist weder kalt noch heiß.

谐音 达斯 歪特 一恩姆 夫律令 伊斯特 贼呃 安格内木。艾斯 伊斯特 无诶得 卡偶特 闹和 海斯

中文 春天天气很舒服，不冷也不热。

德文 Das Wetter im Frühling ist ziemlich gut, aber im April und im Mai regnet es oft.

谐音 达特 歪特 一恩姆 夫律令 伊斯特 次一幕里希 顾特,阿波 一恩姆 阿婆哩欧 吴恩特 一恩姆 卖 雷克呢特 艾斯 奥福特

中文 春天的天气比较好，可是到了四五月就常常下雨。

德文 Im Sommer ist es sehr heiß

谐音 伊恩目 早么呃 伊斯特 艾斯 贼呃 海斯

中文 夏天比较热。

德文 Manchmal ist es ziemlich stickig.

谐音 蛮细骂欧 伊斯特 艾斯 次一幕里希 史迪可依西

中文 有的时候很闷。

德文 Der Herbst ist die schönste Jahreszeit.

谐音 得呃 嗨呃破斯特 伊斯特 第 史云斯特呃 呀嘞斯才特

中文 秋天是最好的季节。

德文 Es regnet nicht sehr oft.

谐音 艾斯 雷克呢特 尼希特 贼呃 奥福特

中文 不常下雨。

德文 Im Winter ist es ziemlich kalt, es schneit manchmal.

谐音 伊恩目 五音特呃 伊斯特 艾斯 次一幕里希 卡偶特，艾斯 是奈特 蛮细骂欧

中文 冬天比较冷，有时候下雪。

德文 Es schneit aber nicht zu stark.
谐音 艾斯 是奈特 阿波 尼希特 促 实达呃克
中文 可是雪不太大。

德文 Während des Winters schneit es nicht oft, es ist aber sehr kalt.
谐音 无碍 乐恩特 得斯 五音特呃斯 是奈特 艾斯 尼希特 奥福特，艾斯 伊斯特 阿波 贼呃 卡偶特
中文 冬天虽然不常下雪，可是很冷。

德文 Ist es sehr heiß im Sommer?
谐音 伊斯特 艾斯 贼呃 海斯 一恩姆 早么呃
中文 夏天热不热？

德文 Es geht so, nicht zu heiß. Es ist generell um die 28 Grad.
谐音 艾斯 给特 揍，尼希特 促 海斯。艾斯 伊斯特 给内来偶 乌木 第 阿赫特吴恩特次午安 次诶系 格拉特
中文 还好，不太热。一般二十八度。

德文 Ist es im Winter kalt?
谐音 伊斯特 艾斯 一恩姆 五音特呃 卡偶特
中文 冬天冷不冷呢？

德文 Im Winter ist es relativ kalt.
谐音 一恩姆 五音特呃 伊斯特 艾斯 雷拉体悟 卡偶特
中文 冬天比较冷。

德文 Was ist die angenehmste Zeit bei dir?
谐音 无阿斯 伊斯特 第 安格内木斯特呃 蔡特 拜 第呃
中文 你们那儿什么时候最舒服？

德文 Am Schönsten ist der Herbst, weder kalt noch heiß.
谐音 阿姆 史云斯特恩 伊斯特 得呃 嗨呃破斯特，未得呃 卡偶特 闹和 海斯
中文 秋天最好，不冷也不热。

德文 Es regnet allerdings manchmal.
谐音 艾斯 雷克呢特 阿勒定斯 蛮细骂欧
中文 可是有的时候下雨。

德文 Regnet es oft?
谐音 雷克呢特 艾斯 奥福特
中文 常常下雨吗？

德文 Nicht sehr oft.
谐音 尼希特 贼呃奥福特
中文 不常下雨。

德文 Weißt du, ob die Sommer in München heiß sind?
谐音 无爱斯特 度，奥破 第 早么呃 伊恩 暮云新 海斯 字音特
中文 你知道不知道慕尼黑夏天热不热？

德文 Ich bin mir nicht sicher. Ich wohne nicht in München.

谐音 依稀 比恩 咪呃 尼希特 子一些。依稀 吴鸥呢 尼希特 伊恩 暮云新

中文 我不太清楚。我没有在慕尼黑住过。

德文 Was ist die normale Temperatur?

谐音 无阿斯 伊斯特 第 闹麻了 太木泼辣图呃

中文 一般是多少度？

德文 Normalerweise ist es um die 20 Grad.

谐音 闹麻了无碍则 伊斯特 艾斯 乌木 第 次午安 次诶系 格拉特

中文 一般是二十度左右。

德文 Ist es dann nicht im Sommer unerträglich?

谐音 伊斯特 艾斯 但 尼希特 一恩姆 早么呃 吴恩诶呃特来可里希

中文 那夏天不是很难受吗？

德文 Es ist gut. Wir haben uns daran gewöhnt.

谐音 艾斯 伊斯特 顾特。物业 哈本 无恩斯 打烂 歌乌云特

中文 还好。我们都习惯了。

德文 Hier regnet es im Herbst oft.

谐音 和叶 雷克呢特 艾斯 一恩姆 嗨呃破斯特 奥福特

中文 这里秋天常常下雨。

德文 Bei uns stürmt es im Herbst oft.
谐音 拜 无恩斯 师弟月目特 艾斯 一恩姆 嗨呃破斯 特 奥福特
中文 我们这儿秋天常常刮风。

德文 Hast du eine Klimaanlage und eine Heizung zu Hause?
谐音 哈斯特 度 哎呢 克里马安拉歌 吴恩特 哎呢 还聪 促 浩泽
中文 你们家里都有冷气和暖气吗?

德文 Gewöhnliche Menschen haben keine Klimaanlage zu Hause.
谐音 歌乌云里谢 们深 哈本 开呢 克里马安拉歌 促 浩泽
中文 一般人家里没有冷气。

德文 Welcher Monat gefällt dir am besten?
谐音 外偶新 某纳特 歌附爱偶特 第呃 阿姆 白斯特恩
中文 你最喜欢哪个月份?

德文 Der März gefällt mir am besten./Der März ist mein Lieblingsmonat.
谐音 得呃 卖呃次 歌附爱偶特 咪呃 阿姆 白斯特恩/得呃 卖呃次 伊斯特 麦恩 哩破另斯某纳特
中文 三月是我最喜欢的月份。

德文 Ich bin im April geboren.
谐音 依稀 比恩 一恩姆 阿迫力欧 歌伯乐恩
中文 我的生日是四月份的。

(相关词汇)

德文	der Januar	Februar	März
谐音	得呃 呀奴阿	非不露阿	卖呃次
中文	一月	二月	三月

德文	April	Mai	Juni
谐音	阿追力欧	麦	以偶你
中文	四月	五月	六月

德文	Juli	August	September
谐音	以偶里	奥顾斯特	贼普太木波
中文	七月	八月	九月

德文	Oktober	November	Dezember
谐音	奥克偷波	呢偶 午安姆波	第采木波
中文	十月	十一月	十二月

德文	Frühling	Sommer	Herbst
谐音	夫律令	早么呃	嗨呃破斯特
中文	春天	夏天	秋天

德文	Winter	kalt	warm
谐音	无音特呃	卡偶特	哇呃目
中文	冬天	寒冷	暖和

注：从二月至十二月的单词前均加"der"，谐音前均加"得呃"

5 谈论兴趣、爱好

德文 Was ist Ihr Hobby?
谐音 无阿斯 伊斯特 意呃 好比
中文 你有什么爱好?

德文 Was machen Sie am liebsten?
谐音 无阿斯 吗很 恣意 阿姆 力魄斯特恩
中文 你最喜欢什么?

德文 Was hast du für Hobbys?
谐音 无阿斯 哈斯特 度 赴约 好比斯
中文 你有什么业余爱好?

德文 Was machen Sie abends/ am Wochenende?
谐音 无阿斯 吗很 恣意 阿本次/阿姆 哇偶很恩得
中文 您晚上/周末干些什么?

德文 Was macht ihr in der Freizeit?
谐音 无阿斯 骂赫特 意呃 伊恩 得呃 福来蔡特
中文 你们业余干些什么?

德文 Tanzen Sie gern?
谐音 谈慈恩 恣意 该恩
中文 你喜欢跳舞吗?

德文 Ich sehe gerne Filme.
谐音 依稀 贼呃 该恩呢 辅以偶木呃
中文 我喜欢看电影。

德文 Was ist Ihr Lieblingssport?
谐音 无阿斯 伊斯特 意呃 哩破另斯是报特
中文 你喜欢哪种运动?

德文 Ich mag schwimmen.
谐音 依稀 骂克 史无意们
中文 我喜欢游泳。

德文 Wofür interessieren Sie sich?
谐音 吴鸥 赴约 音特来四叶 乐恩 恣意 恣意西
中文 你对什么感兴趣?

德文 Mögen Sie pop Musik?
谐音 莫约跟 恣意 泡破 姆恣意克
中文 你喜欢流行音乐吗?

德文 Ich hasse das Rauchen.
谐音 依稀 哈瑟 达斯 劳很
中文 我真讨厌抽烟。

德文 Ich höre gerne Musik.
谐音 依稀 合约乐 给呃呢 姆恣意克
中文 我喜欢听音乐。

德文 Ich spiele gerne Fußball/Tischtennis/Volleyball/Basketball.

谐音 依稀 是比了呃 给呃呢 赴死罢欧/替是谈尼斯/唔奥累罢欧/巴斯克诶特罢欧

中文 我喜欢踢足球/打乒乓球/排球/篮球。

德文 Am Wochenende gehe ich gern wandern/bergsteigen/ spazieren.

谐音 阿姆 哇偶很恩得 给呃 依稀 该恩 午安 德恩/呗呃克史带跟/史吧此页 乐恩

中文 周末我喜欢徒步旅行/登山/散步。

德文 In der Freizeit gehen wir gern schwimmen/ tanzen/ reiten.

谐音 伊恩 得呃 福来蔡特 给恩 无意呃 该恩 史无意们/探测恩/来特恩

中文 业余时间我们喜欢去游泳/跳舞/骑马。

德文 Am Wochenende gehe ich gern ins Kino/Theater.

谐音 阿姆 哇偶很恩得 给呃 依稀 该恩 印斯 可以 呢偶/特诶阿特呃

中文 周末我喜欢看电影/戏。

德文 In der Freizeit gehe ich gern Freunde besuchen.

谐音 伊恩 得呃 福来蔡特 给呃 依稀 该恩 福劳云得 波组和恩

中文 业余时间我喜欢去看朋友。

德文 Am Wochenende gehen wir gern in ein Restaurant essen.

谐音 阿姆 哇偶很恩得 该恩 无意呃 该恩 爱恩 赖斯头 浪 艾森

中文 周末我们喜欢去饭店吃饭。

德文 In der Freizeit gehe ich gern in ein Weinlokal.

谐音 伊恩 得呃 福来蔡特 给呃 依稀 该恩 伊恩 爱恩 无碍恩楼卡偶

中文 业余时间我喜欢去酒吧。

德文 Ich sammle Briefmarken/ Münzen.

谐音 依稀 杂木了呃 卜立夫吗呃肯/目云 慈恩

中文 我集邮/钱币。

德文 Ich spiele oft Klavier/ Gitarre/ Trompete.

谐音 依稀 是比了呃 奥福特 可拉物业/各一他了呃/特劳目佩特呃

中文 我经常弹钢琴/弹吉他/吹小号。

6 谈论家庭

德文 Wieviele Personen sind in Ihrer Familie?
谐音 无意 辅以 乐呃 拍哦邹嫩 恣意特 伊恩 一乐 发迷 离呃
中文 你家有几口人?

德文 Vier Personen, Vater, Mutter, Bruder und ich.
谐音 复叶 拍哦邹嫩,发特呃,姆特呃,波路得 吴恩 特 依稀
中文 我家有4口人,爸爸、妈妈、哥哥和我。

德文 Haben Sie Kinder?
谐音 哈本 恣意 可以恩 得呃
中文 你有孩子吗?

德文 Was sind Ihre Eltern von Beruf?
谐音 唔阿斯 字音特 一乐 爱偶特恩 福欧恩 波鲁夫
中文 你父母是做什么的?

德文 Wieviele Geschwister haben Sie?
谐音 无意 辅以乐 格式无意斯特 哈本 恣意
中文 你有几个兄弟姐妹?

德文 Sind Sie verheiratet?
谐音 字音特 恣意 非呃还拉特特
中文 你结婚了吗?

德文 Ja, ich bin verheiratet.
谐音 呀,依稀 比恩 非呃还拉特特
中文 是的,我结婚了。

德文 Nein, ich bin noch ledig.
谐音 乃恩,依稀 比恩 闹和 累蒂西
中文 不,我还是单身。

德文 Ja, ich habe ein Kind/ zwei Kinder/ einen Sohn/ eine Tochter.
谐音 呀,依稀 哈勃 爱恩 可意恩特/次无碍 可意恩得/爱嫩 揍恩/哎呢 套赫特
中文 是的,我有一个/两个孩子/一个儿子/一个女儿。

德文 Nein, ich habe noch keine Kinder.
谐音 乃恩,依稀 哈勃 闹和 开呢 可意恩得
中文 不,我还没有孩子。

德文 Wir haben ein glückliches Familienleben.
谐音 无意呃 哈本 爱恩 格律克里谢斯 发咪里呃恩嘞本
中文 我们家庭幸福美满。

德文 Ich lebe mit meinen Eltern zusammen.
谐音 依稀 雷波 泌特 买嫩 爱偶特恩 促咋们
中文 我和我的父母住在一起。

(相关词汇)

德文	das Ehepaar	der (Ehe)Mann	die (Ehe)Frau
谐音	达斯 诶呃怕呃	得呃 (诶呃)慢	第（诶呃）福劳
中文	夫妇	丈夫	妻子

德文	die Eltern	der Vater	die Mutter
谐音	第 爱偶特恩	得呃 发特呃	第 姆特呃
中文	父母	父亲，爸爸	母亲，妈妈

德文	das Kind	der Sohn	die Tochter
谐音	达斯 可以恩特	得呃 走恩	第 套赫特
中文	孩子	儿子	女儿

德文	die Geschwister	der Bruder	die Schwester
谐音	第 歌是无意斯特呃	得呃 不露德呃	第 史外斯特呃
中文	兄弟姐妹	兄弟	姐妹

德文	die Grosseltern	der Onkel	die Tante
谐音	第 歌楼斯爱偶特恩	得呃 欧恩 可偶	第 谈特呃
中文	祖父母	伯叔父，姨丈	姑妈，伯母，舅妈

德文	der Vetter	die Kusine	der Enkel
谐音	得呃 附爱特呃	第 库恣意呢	得呃 恩可偶
中文	堂兄弟，表兄弟	堂姊妹，表姊妹	孙子

德文	die Enkelin	der Neffe
谐音	第 恩可偶林	得呃 乃佛呃
中文	孙女	侄子，外甥

7 谈论工作

德文 Was sind Sie von Beruf?
谐音 无阿斯 字音特 恣意 否恩 波路夫
中文 你是做什么工作的?

德文 Was ist Ihr Mann/Ihre Frau von Beruf?
谐音 无阿斯 伊斯特 意呃 慢/一乐呃 福劳 否恩 波路夫
中文 您先生/太太是做什么职业的?

德文 Ich bin Lehrer.
谐音 依稀 比恩 雷了呃
中文 我是教师。

德文 Meine Frau ist Krankenpflegerin.
谐音 麦呢 福劳 伊斯特 克朗肯匍匐雷格淋
中文 我的妻子是护士。

德文 Er ist Student. Er studiert Physik/ Chemie/ Biologie.
谐音 诶呃 伊斯特 史度德恩特。诶呃 史读第呃特 富于 恣意克/写密/比偶楼各意
中文 他是大学生。他是学物理/化学/生物的。

德文 Wo arbeitet Ihr Mann/Ihre Frau?
谐音 吴鸥 阿呃拜特特 意呃 慢/一乐呃 福劳
中文 您先生/太太在哪里工作?

德文 Bei welcher Firma arbeiten Sie?
谐音 拜 外偶写呃 辅以呃马 阿呃拜特恩 恣意
中文 你在哪家公司工作?

德文 Ich arbeite bei Siemens/ beim Rundfunk.
谐音 依稀 阿呃拜特呃 拜 恣意门司/拜目 伦特赴欧恩克
中文 我在西门子公司/广播电台工作。

德文 Er arbeitet im Büro/ in einer Bank/ in einem Stahlwerk.
谐音 诶呃 阿呃拜特特 一恩姆 不予楼/伊恩 哎呢呃棒克/伊恩 哎呢目 实达偶 为呃克
中文 他在办公室/银行/钢铁厂工作。

德文 Meine Frau arbeitet in einem Kaufhaus.
谐音 麦呢 福劳 阿呃拜特特 伊恩 哎呢目 拷福豪斯
中文 我的妻子在一家百货公司工作。

德文 Wie viele Stunde arbeiten Sie pro Tag?
谐音 无意 辅以乐 史吨得 阿呃拜特恩 恣意 普喽 塔克
中文 你每天工作多少小时?

德文 Wie wird bezahlt?
谐音 无意 物业特 波擦欧特
中文 工资情况怎么样?

德文 Wie sieht Ihr Gehalt aus?
谐音 无意 恣意特 意呃 歌哈偶特 奥斯
中文 你的工资是多少?

德文 Bekommen Sie ein hohes Gehalt?
谐音 波靠门 恣意 爱恩 后呃斯 歌哈偶特
中文 你的工资高吗?

德文 Wie viel können Sie monatlich verdienen?
谐音 无意 辅以欧 可晕嫩 恣意 某纳特里希 非呃第嫩
中文 你每月挣多少钱?

德文 Ich arbeite bei der Post.
谐音 依稀 阿呃拜特呃 拜 得呃 泡斯特
中文 我在邮局工作。

德文 Ich bin Angestellte(r).
谐音 依稀 比恩 安哥史带偶 特呃
中文 我是一名白领。

德文 Ich habe ein geringes/gutes Einkommen.
谐音 依稀 哈勃 爱恩 歌令呃斯/古特斯 爱恩靠门
中文 我的收入很低/高。

德文 Ich habe ein niedriges Gehalt.
谐音 依稀 哈勃 爱恩 尼特里格斯 个哈偶特
中文 我的工资很少。

日常话题篇

德文 Was für einen Posten haben Sie?
谐音 哇斯 赴约 爱嫩 泡斯特恩 哈本 恣意
中文 你担任什么职务？

德文 Die Arbeit ist sehr geeignet für mich.
谐音 第 阿呃拜特 伊斯特 贼呃 歌艾克呢特 赴约 密西
中文 这份工作很适合我。

德文 Hier gibt es viele Gelegenheiten.
谐音 和叶 各异破特 艾斯 辅以乐 格雷跟还特恩
中文 机会有的是。

德文 Ich arbeite zu viel.
谐音 依稀 阿呃拜特呃 促 辅以偶
中文 我的工作量太大了。

相关词汇

德文	Angestellte(r)	Lehrer(in)	Journalist(in)
谐音	安格史带偶特呃	雷乐呃（淋）	入呃那里斯特（音）
中文	（男）职员	（女）教师	（女）记者

德文	(Zahn)arzt	(Zahn)ärztin	Techniker(in)
谐音	（灿）啊呃次特	（灿）爱呃次特音	太细你可（淋）
中文	（牙）医	女（牙）医	（女）技术员

德文	Buchhalter(in)	Ingenieur	Krankenschwester
谐音	布赫哈偶特呃（淋）	印真呢月	可狼肯史外丝特呃
中文	（女）会计	工程师	护士

四、市民必会篇

1 寒暄问候

（1）日常问候

德文 Guten Tag!
谐音 古藤 踏克
中文 你好！

德文 Guten Morgen/Abend!
谐音 咕藤 猫跟/阿本特
中文 早上/晚上好。

德文 Gute Nacht!
谐音 咕特 那赫特
中文 晚安！

（2）初次见面

德文 Freut mich Sie kennenzulernen!
谐音 福号于特 密西 恣意 开嫩促来二嫩
中文 很高兴认识您。

德文 Wie lange sind Sie schon in Deutschland?
谐音 无意 啷呃 资音特 恣意 音 到淤昧烂特
中文 您来德国多长时间了？

德文 Ich wurde in Österreich geboren.
谐音 依稀 唔饿的音 淤斯特嗨西 咯波很
中文 我出生在奥地利。

德文 Meine Heimat ist München.
谐音 麦呢 嗨马特 伊斯特 沐浴恩新
中文 我的故乡是慕尼黑。

德文 Ich mache hier eine Dienstreise.
谐音 依稀 吗呵 呵业 哎呢 低音斯特还则
中文 我因公事而来。

德文 Wie lange sind Sie schon in der Schweiz?
谐音 无意 啷呃 资音特 恣意 音 得呃 师外疵
中文 您来瑞士多长时间了?

德文 Erst eine Woche.
谐音 诶呃斯特 哎呢 喔喝
中文 上星期刚来。

德文 Wie lange werden Sie hier bleiben?
谐音 无意 啷呃 歪呃拖 恣意 呵业 补来奔
中文 你在这儿待到什么时候?

德文 Für einen Monat.
谐音 赴约 爱嫩 麼偶纳特
中文 待到下个月。

市民必会篇

德文 Sprechen Sie Deutsch?
谐音 食谱海信 恣意 到淤咪
中文 你说德语吗？

德文 Leider kann ich nicht.
谐音 来得 看 依稀 尼希特
中文 很遗憾，我不会。

德文 Ein bißchen/wenig.
谐音 艾因 比斯欣/威尼西
中文 一点儿/一些。

德文 Ich kann nur ein bißchen Alltagsdeutsch.
谐音 依稀 看 怒呃 艾因 比斯欣 阿尔 踏克斯到淤咪
中文 我会一点儿日常会话。

（3）久别重逢

德文 Lange nicht gesehen.
谐音 郎呃 尼希特 咯贼恩
中文 好久不见。

德文 Ich kann dich sogar nicht erkennen.
谐音 依稀 看 蒂西 走嘎 尼希特 诶呃开嫩
中文 我都认不出你了！

德文 Wie geht es Ihnen?
谐音 无意 给特 艾斯 一嫩
中文 是呀,你还好吗?

德文 Danke, gut.
谐音 当可,固特
中文 嗯,挺好的。

德文 Wie geht's?
谐音 无意 给次
中文 最近怎么样?

德文 Was machst du zur Zeit?
谐音 瓦斯 马赫斯特 度 促呃 蔡特
中文 最近忙什么呢?

德文 Natürlich arbeite ich.
谐音 纳特与里希 阿呃佰特 依稀
中文 上班呗。

德文 Nichts.
谐音 尼西磁
中文 没忙什么。

德文 Du hast dich überhaupt nicht verändert.
谐音 度 哈斯特 蒂西 於不饿好破特 尼希特 非呃爱恩得特
中文 你一点儿都没变。

市民必会篇

德文 Bei dir bleibt alles beim alten.
谐音 拜 第呃 不来破特 阿嘞斯 拜目 阿尔特恩
中文 你还是老样子。

德文 Du wirst immer schöner.
谐音 度 唔意呃斯特 一么 顺呢
中文 你越来越漂亮了。

德文 Du siehst nicht schlecht aus.
谐音 度 悠意斯特 尼希特 是莱希特 奥斯
中文 你看上去不错。

德文 Hast du zugenommen/abgenommen?
谐音 哈斯特 度 促歌脑门/阿破歌脑门
中文 最近你是不是胖了/瘦了？

（4）碰到友人

德文 Guten Tag!
谐音 古特恩 踏克
中文 你好！（一天中常用的寒暄用语）

德文 Wie geht's?
谐音 无意 给次
中文 你好吗？

德文 Sehr gut.
谐音 贼呃 固特
中文 非常好。

德文 Nicht so gut.
谐音 尼希特 走 古特
中文 不怎么好。（用于身体状况不好或是有其他什么不好的事时）

德文 Wie geht es deiner Familie?
谐音 无意 给特 艾斯 带呢呃 法米利呃
中文 你的家人怎么样？

德文 Allen geht es gut.
谐音 阿了恩 给特 艾斯 古特
中文 大家都很好。

德文 Was macht deine Arbeit?
谐音 无阿斯 马赫特 带呢 阿呃百特
中文 工作怎么样？

德文 Es geht.
谐音 艾斯 给特
中文 还可以。

2 介绍

（1）介绍自己 / 他人

德文 Darf ich mich vorstellen.
谐音 大呃幅 依稀 密西 赴澳是带乐恩
中文 请允许我自我介绍一下。

德文 Ich heiße Anna Schubert.
谐音 依稀 海斯呃 安娜 舒拜呃特
中文 我叫安娜·舒伯特。

德文 Ich bin Georg Braun.
谐音 依稀 比恩 给奥呃克 布劳恩
中文 我是格奥尔克·布劳恩。

德文 Mein Name ist Paul Schneider.
谐音 麦恩 那么 伊斯特 跑呃 施耐德
中文 我叫保罗·施耐德。

德文 Bitte sagen Sie ... zu mir.
谐音 比特 资阿 哥恩 恣意 …… 促米呃
中文 请叫我……

德文 Darf ich vorstellen: das ist Herr Schubert.

谐音 大呃幅 依稀 赴澳是带乐恩：达斯 伊斯特 嘿呃 舒拜呃特

中文 请允许我介绍一下：这是舒伯特先生。

德文 Darf ich bekannt machen: das ist Frau Schubert.

谐音 大呃幅 依稀 波坎特 吗呵恩：达斯 伊斯特 福劳 舒拜呃特

中文 请允许我介绍一下：这是舒伯特女士。

德文 Darf ich vorstellen: das sind Herr und Frau Schubert.

谐音 大呃幅 依稀 赴澳是带乐恩：达斯 恣意 恩特 嗨呃 吴恩特 福劳 舒拜呃特

中文 请允许我介绍一下：这是舒伯特先生和夫人。

德文 Frau Schubert, das ist mein Chef Herr Schmith.

谐音 符号 舒拜呃特，达斯 伊斯特 麦恩 晒副 嘿呃 施密特

中文 舒伯特女士，这位是我的上司施密特先生。

德文 Ich stelle dir meinen Freund/meine Freundin vor.

谐音 依稀 试戴了 第呃 买嫩 福劳云特/买呢 付浩云 迪恩 发偶

中文 我给你介绍一下我的朋友。

（2）对介绍的回应

德文 Angenehm/Freut mich.
谐音 安格内目/付浩宇特 密西
中文 很高兴（认识您）。

德文 Angenehm, Schubert.
谐音 安格内目，舒拜呃特
中文 很高兴，（我叫）舒伯特。

德文 Ich freue mich, Sie kennen zu lernen.
谐音 依稀 付浩宇特 密西，恣意 开嫩 促 来呃嫩
中文 很高兴认识您。

德文 Freut mich auch.
谐音 依稀 付浩宇特 密西 奥赫
中文 认识您我也很高兴。

德文 Und wie ist Ihr Name/wie heißen Sie?
谐音 吴恩特 无意 伊斯特 意呃 那莫/无意 海森 恣意
中文 那么，您叫什么名字呢？

德文 Und wie heißt du?
谐音 吴恩特 无意 海斯特 度
中文 那么，你叫什么名字呢？

德文 Haben wir uns irgendwo einmal getroffen?
谐音 哈本 无意呃 无恩斯 意呃根特吴鸥 爱恩吗欧 歌特好粉
中文 我们是不是在哪儿见过面？

德文 Nein, ich glaube nicht.
谐音 乃恩，依稀 个老伯 尼希特
中文 不，我想没见过。

德文 Kennst du mich nicht?
谐音 凯恩斯特 度 密西 尼希特
中文 你不认识我吗？

德文 Sie kommen mir bekannt vor.
谐音 恣意 靠门 米呃 波坎特 发哦
中文 你看上去很面熟。

德文 Haben Sie sich erinnert?
谐音 哈本 恣意 恣意稀 诶呃意呢特
中文 想起来了吗？

德文 Erinnern Sie sich nicht?
谐音 诶呃意呢恩恣意 恣意稀 尼希特
中文 你不记得了吗？

德文 Ach! Sie sind Herr Schmith.

谐音 阿和！恣意 恣意恩特嘿呃施密特

中文 啊！对了，你是史密斯先生。

德文 Oh, ja, ich kenne Sie.

谐音 欧，呀，依稀 开呢 恣意

中文 哦，是的，我认识你。

德文 Ich kenne Sie, aber ich habe vergessen, wie Sie heißen.

谐音 依稀 开呢 恣意，阿伯 依稀 哈勃 非呃盖森，无意 恣意 海森

中文 我认识你，可是我忘了你叫什么。

德文 Ich bin nicht sicher, vielleicht haben wir uns irgendwo getroffen.

谐音 依稀 比恩 尼希特 恣意些，副依赖系统 哈本 无意 无恩斯 意呃根特吴鸥 歌特好粉

中文 我不敢肯定，也许在哪儿见过。

德文 Nein, wir sehen uns zum ersten Mal.

谐音 乃恩，无意呃 贼恩 无恩斯 粗木 诶呃斯特恩 马鸥

中文 没见过，这是我们第一次见面。

3 邀请

（1）发出邀请

德文 Ich möchte dich am Samstag zum Abendessen einladen.

谐音 依稀 卖鱼希特 第稀 阿姆 杂木斯塔克 粗木 阿本特艾森 爱恩拉德恩

中文 我想邀请你下星期六晚吃饭。

德文 Zusammen mit uns zum Mittagessen/ Abendessen?

谐音 粗砸门 米特 无恩斯 粗木 米塔克艾森/阿本特艾森

中文 跟我们一起吃午餐/晚餐吧？

德文 Kommst du mit?

谐音 考慕斯特 度 米特

中文 想跟我们在一起吗？

德文 Kommst du mit zu unserer Abschiedsfeier?

谐音 考慕斯特 度 米特 促 吴恩泽了呃 婆使一次附爱意呃

中文 你愿意本周六参加我们的欢送会吗？

德文 Hast du heute Abend frei?

谐音 哈斯特 度 好于特 阿本特 福来

中文 你今晚儿有空吗？

德文 Wenn du kommst, würden wir uns sehr darüber freuen.

谐音 吴恩 度考慕斯特，无诶呃 德恩 无约得呃 贼呃 大滤波 福劳云

中文 如果你能来，我们将会非常高兴。

德文 Gehen wir heute Abend zusammen ins Kino.

谐音 给恩 无意呃 好于特 阿本特 粗砸门 银丝 可以 呢偶

中文 今晚我们一起去看电影吧。

德文 Komm zu mir zu Besuch!

谐音 考木 促 蜜意呃 促 波组合

中文 请你来我家做客好吗？

德文 Können wir uns nächste Woche einmal treffen?

谐音 柯云嫩 无意呃 无恩斯 奈希斯特 无奥赫 爱恩吗偶 特来福恩

中文 我们下周安排个时间见面吧？

（2）对邀请的回应

德文 Tut mir leid, morgen Vormittag habe ich etwas vor und kann nicht zu deiner Einladung kommen.

谐音 图特 米呃 莱特，猫呃跟 赴澳米塔克 哈勃 依稀 艾特无阿斯 发偶 吴恩特 看 尼希特 促 带呢 爱恩拉动 靠门

中文 实在不好意思，我明天上午有点急事儿，不能参加你的邀请了。

德文 Danke für deine Einladung, ich werde pünktlich sein.

谐音 当可 赴约 带呢 爱恩拉动，依稀 无诶呃 德 普允可特里希 子爱恩

中文 谢谢你的邀请，我一定准时赴约。

德文 Das ist aber gut, ich komme.

谐音 达斯 伊斯特 阿伯 古特，依稀 烤馍

中文 太好啦，我一定去！

德文 Gut, na dann bis zum Abend!

谐音 古特，那 但 比斯 促 阿本特

中文 好的，那就晚上见！

4 拜访

（1）拜访前

德文 Hallo, ist jemand da?
谐音 哈喽，伊斯特 野蛮特 大
中文 喂，有人吗？（"对不起，屋里有人吗？"的语气）

德文 Ja?
谐音 意啊
中文 谁呀？

德文 Ist Herr Wang da?
谐音 伊斯特 嘿呃 王 大
中文 请问王先生在吗？

德文 Willkommen, kommen Sie bitte herein!
谐音 无意呃靠们，靠门 恣意 比特 嘿呃莱恩
中文 欢迎，请进！（可以用于各种场合，如欢迎他人等）

德文 Ich freue mich sehr, dass du kommst.
谐音 依稀 父老与呃 密西 贼呃，达斯 度 考慕斯特
中文 你能来，太好啦！

德文 Nett, dass Sie gekommen sind/ du gekommen bist/ ihr gekommen seid.

谐音 奈特，达斯 恣意 歌靠门 子伊恩特/度 歌靠门 比斯特/意呃 歌靠门 在特

中文 您/你/你们来了，这可真好。

德文 Kommen Sie/ Komm/ Kommt doch herein!

谐音 靠门 恣意/考木/考木特 道贺 嘿呃莱恩

中文 请进来吧！

德文 Legen Sie/ Leg/ Legt ab!

谐音 雷根 恣意/雷克/雷克特 阿婆

中文 请宽衣！

德文 Nehmen Sie/ Nimm/ Nehmt Platz!

谐音 内门 恣意/尼姆/内幕特 普拉次

中文 请坐！

德文 Setz dich doch!

谐音 再次 蒂西 道贺

中文 坐吧！

德文 Setzen Sie sich in den Sessel/ hierher/ neben Anna!

谐音 在岑 恣意 恣意稀 伊恩 德恩 在色偶/何以呃嘿呃/内本 安娜

中文 请坐沙发/这里/安娜旁边！

（2）拜访中

德文 Bitte fühlen Sie sich wie zu Hause.
谐音 比特 佛语 乐恩 恣意 恣意稀 无意 促 浩泽
中文 别客气，像在自己家一样。

德文 Nehmen Sie bitte Platz.
谐音 内门 恣意 比特 普拉次
中文 请坐吧。

德文 Danke.
谐音 当可
中文 谢谢。

德文 Kann ich Ihnen etwas zum Trinken anbieten?
谐音 卡恩 依稀 意嫩 艾特无阿斯 粗木 特灵肯 按比特恩
中文 您喝点儿什么吗？

德文 Gerne, ich trinke Bier.
谐音 该呃呢，依稀 特灵可 毕业呃
中文 好的，我要啤酒。

德文 Was darf ich Ihnen/ dir/ euch anbieten?
谐音 无阿斯 大幅 依稀 意嫩/第呃/鳌鱼西 按比特恩
中文 给您/你/你们来点儿什么饮料呢？

德文 Was möchten Sie trinken?
谐音 无阿斯 卖鱼希特恩 恣意 特灵肯
中文 您想喝什么?

德文 Ich habe Kognak, Sherry, ...
谐音 依稀 哈勃 考恩你啊可,晒里,……
中文 我这里有法国白兰地、雪梨酒…

德文 Ich habe auch Nichtalkoholisches/ Saft/ Mineralwasser/ Sprudel/ Coca Cola.
谐音 依稀 哈勃 奥赫 尼希特啊偶口后丽舍死/咋福特/米呢拉偶吴啊色/食谱路都/扣卡寇拉
中文 我这儿也有不含酒精的饮料/果汁/矿泉水/汽水/可乐。

德文 Mir bitte einen Kognak/ ein Glas Wein.
谐音 米呃 比特 爱嫩 考恩你啊可/爱恩 格拉斯 无碍恩
中文 请给我一杯法国白兰地/一杯葡萄酒。

德文 Für mich bitte Sherry/ ein Glas Mineralwasser.
谐音 赴约 密西 比特 晒里/爱恩 格拉斯 米呢拉偶吴啊色
中文 我要雪梨酒/一杯矿泉水。

德文 Ich nehme etwas Alkoholfreies/ ein Glas Saft.
谐音 依稀 内么 艾特无阿斯 啊偶口后福来呃斯/爱恩 格拉斯 咋福特
中文 我要不含酒精的饮料/果汁。

市民必会篇

德文 Störe ich Sie, wenn ich rauche?
谐音 师弟约了 依稀 恣意，韦恩 依稀 老何
中文 您介意我抽烟吗？

德文 Nein, bitte.
谐音 乃恩，比特
中文 不介意，你抽吧。

德文 Guten Appetit/Mahlzeit!
谐音 古特恩 阿配体特/马偶蔡特
中文 祝好胃口！

德文 Bitte greifen Sie/greif/greift zu!
谐音 比特 个来福恩 恣意/个来福/个来福特 促
中文 请随便用吧！

德文 Bitte bedienen Sie sich / bedien dich/ bedient euch!
谐音 比特 薄地嫩 恣意 恣意稀/波迪恩 蒂西/波迪恩特 敖玉玺
中文 请随便用吧！

德文 Darf ich Ihnen noch nachgeben/ nachgießen?
谐音 大幅 依稀 意嫩 瑙河 那和给本/那和各异森
中文 可以再给您添点儿菜/酒吗？

德文 Darf ich euch noch ein Glas Wein einschenken?
谐音 大幅 依稀 敖玉玺 瑙河 爱恩 格拉斯 外恩 爱恩神肯
中文 再给你们倒杯酒好吗?

德文 Möchten Sie noch etwas Suppe/ Gemüse/Fleisch?
谐音 卖鱼希特恩 恣意 瑙河 艾特无阿斯 组婆/个谜语则/弗莱是
中文 您还要点儿汤/蔬菜/肉吗?

德文 Ja bitte, es schmeckt sehr gut.
谐音 意啊 比特,艾斯 是麦科特 贼呃 古特
中文 好的,这味道非常好。

德文 Ja gern, die Suppe ist wirklich gut.
谐音 意啊 该呃恩,第 组婆 伊斯特 无意呃可里希 古特
中文 好的,汤的味道确实很好。

德文 Nein danke, ich bin leider schon satt.
谐音 乃恩 当可,依稀 比恩 来得 是松 咋特
中文 谢谢,不要了,可惜我已经吃饱了。

德文 Das Essen ist hervorgend/sehr gut!
谐音 达斯 艾森 伊斯特 嘿呃赴澳拉根特/贼呃 古特
中文 饭菜的味道很可口/很好!

地道德语想说就说

德文 Prost/ Prosit!
谐音 普楼斯特/普楼恣意特
中文 干杯!

德文 Auf Ihr/dein/euer Wohl!
谐音 奥夫 意呃/戴恩/鳌鱼呃 吴鸥
中文 为您/你/你们的健康干杯!

德文 Auf Ihre Gesundheit!
谐音 奥夫 一乐 葛尊特海特
中文 为您的健康干杯!

德文 Trinken wir auf gute Zusammenarbeit/unsere Freundschaft/den Erfolg!
谐音 特灵肯 无意呃 奥夫 古特 粗砸门阿呃百特/吴恩泽乐 福鳌云特傻福特/德恩 诶呃赴澳可
中文 为我们的友好合作/友谊/成功干杯!

德文 Ich muss gehen.
谐音 依稀 慕斯 给恩
中文 我得告辞了。

德文 Vielen Dank für Ihren herzlichen Empfang.
谐音 辅以 乐恩 当可 赴约 一乐恩 嘿呃次里新 爱慕铺放
中文 非常感谢您的盛情款待。

德文 Freut mich sehr, dass Sie heute gekommen sind.

谐音 父老与特 密西 贼呃，达斯 恣意 好于特 歌靠门 子伊恩特

中文 非常高兴，您今天能来。

德文 Komm/Kommen Sie vorbei, wenn du/Sie Zeit hast/haben.

谐音 考木/靠门 恣意 赴澳拜，吴恩 度/恣意 蔡特 哈斯特/哈本

中文 有空儿再来串门吧。

德文 Ok, danke.

谐音 欧尅，当可

中文 好的，谢谢。

德文 Sparen Sie sich den Weg bitte!

谐音 十八乐恩 恣意 恣意西 德恩 维克 比特

中文 别送了，回去吧。

5 分别

德文 Auf Wiedersehen!
谐音 奥夫 无意得贼恩
中文 再见!

德文 Wiedersehen!
谐音 无意得贼恩
中文 再见!

德文 Tschüs!
谐音 吃语斯
中文 再见!

德文 Servus!
谐音 贼呃无私
中文 再见!(南德方言)

德文 Bis dann!
谐音 比斯 大恩
中文 回头见!

德文 Bis bald!
谐音 比斯 把偶特
中文 再见!

德文 Bis später!
谐音 比斯 诗百特
中文 再见!

德文 Bis gleich!
谐音 比斯 歌莱西
中文 回见!

德文 Bis Morgen!
谐音 比斯 猫呃跟
中文 明天见!

德文 Alles Gute!
谐音 阿勒斯 古特
中文 祝一切顺利!

德文 Auf Wiederhören!
谐音 奥夫 无意得合约 乐恩
中文 再见!（用于电话交谈中表示再见）

德文 Viel Spaß!
谐音 辅以偶 十八丝
中文 祝你愉快!

德文 Viel Vergnügen!
谐音 辅以偶 非呃可女跟
中文 祝你愉快!

德文 Leb wohl!
谐音 雷坡 吴鸥
中文 保重！

德文 Kommen Sie gut nach Hause!
谐音 靠门 恣意 古特 那和 浩泽
中文 （回家）走好！

德文 Fahren Sie gut heim!
谐音 发了恩 恣意 古特 海姆
中文 走好！

德文 Schlaf gut!
谐音 是拉夫 古特
中文 好好睡吧！

德文 Viele Grüße an Ihre Frau!
谐音 服役了 个绿色 安 一乐 父老
中文 向您夫人问好！

德文 Gute Reise!
谐音 古特 赖泽
中文 旅途愉快！

德文 Schönes Wochenende!
谐音 是云呢斯 哇偶很安得
中文 周末愉快！

德文 Gute Besserung!
谐音 古特 白色红
中文 祝你早日康复!

德文 Gute Erholung!
谐音 古特 诶呃后龙
中文 好好休息!

德文 Viel Glück!
谐音 辅以 格律克
中文 祝你好运!

德文 Viel Erfolg!
谐音 辅以 诶呃发哦克
中文 祝你取得好成绩!

德文 Ich drücke Ihnen den Daumen!
谐音 依稀 得吕克 意嫩 德恩 道门
中文 祝你成功!

德文 Danke, ich hoffe auch.
谐音 当可,依稀 好佛 奥赫
中文 谢谢,借你吉言。

德文 Grüssen Sie bitte Johann von mir.
谐音 个绿森 恣意 比特 尤汗 赴欧恩 米呃
中文 请代我向约翰问好。

市民必会篇

> **德文** Hoffentlich kommst du wieder.
> **谐音** 豪富恩特里希 考慕斯特 度 无意得
> **中文** 希望你能再来。

> **德文** Rufen Sie mich bitte an.
> **谐音** 卤粉 恣意 密西 比特 安
> **中文** 给我打电话。

> **德文** Ok, ich werde dich anrufen.
> **谐音** 偶尅，依稀 无意诶呃得 蒂西 按鲁夫恩
> **中文** 嗯，我会的。

> **德文** Pass auf dich auf.
> **谐音** 帕斯 奥夫 蒂西 奥夫
> **中文** 你自己多保重。

> **德文** Kümmern Sie sich nicht um mich.
> **谐音** 可与么恩 恣意 恣意西 尼希特 乌木 密西
> **中文** 别担心我！

> **德文** Ich komme wieder.
> **谐音** 依稀 考么 无意得
> **中文** 我还会来的。

德文 Ich werde an dich denken.

谐音 依稀 无诶呃得 安 蒂西 得恩肯

中文 我会想你的。

德文 Grüssen Sie bitte Ihre Familie von mir.

谐音 个绿森 恣意 比特 一乐 法米利呃 赴欧恩 米呃

中文 请代我向你的家人问好。

德文 Bleiben wir in Verbindung.

谐音 不来本 无意呃 伊恩 非呃宾东

中文 让我们保持联系。

德文 Schreib an mich.

谐音 是来破 安 密西

中文 别忘了写信。

德文 Ich werde nicht vergessen.

谐音 依稀 无诶呃得 尼希特 非呃该森

中文 忘不了。

6 节庆生活祝福语

德文 Fröhliches Neujahr!
谐音 服了阅历写死 闹与呀
中文 新年快乐!

德文 Frohe Weihnachten!
谐音 福楼呃 无碍那赫特恩
中文 圣诞快乐!

德文 Ich gratuliere dir zum Geburtstag!/Alles Gute zum Geburtstag!
谐音 依稀 格拉土里乐 第呃 粗木 各部呃次塔克/阿勒斯 古特 粗木 各部呃次塔克
中文 生日快乐!

德文 Ich wünsche dir viel Glück und Freude im Neujahr!
谐音 依稀 乌云设 第呃 辅以哦 格律克 吴恩特 非劳鱼德 伊恩姆 闹与呀
中文 祝你新的一年快乐、幸福!

德文 Herzlichen Glückwünsch zum Geburtstag!
谐音 嘿呃次里新 格律克无韵诗 粗木各部呃次塔克
中文 衷心祝贺生日!

德文 Alles Gute zum Geburtstag!
谐音 阿勒斯 古特 粗木 各部呃次塔克
中文 祝生日万事如意！

德文 Ich beglückwünsche Sie zur Hochzeit!
谐音 依稀 博格律克无韵设 恣意 促呃 后河蔡特
中文 祝贺你们新婚！

德文 Wir beglückwünschen dich zur bestandenen Prüfung!
谐音 无意呃 博格律克无韵深 蒂西 促呃 波史丹的恩嫩 普率佛恩
中文 我们祝贺你通过考试！

德文 Herzlichen Glückwunsch!
谐音 嘿呃次里新 格律克无韵湿
中文 衷心祝贺！

德文 Alles Gute!
谐音 啊乐斯 咕特呃
中文 万事如意！

德文 Meine besten Glückwünsche!
谐音 麦呢 白斯特恩 格律克无韵设
中文 献上我最美好的祝愿！

市民必会篇

德文 Bleiben Sie gesund!
谐音 补来奔 恣意 葛组恩特
中文 祝您一直健康!

德文 Fröhliche Weihnachten und ein glückliches neues Jahr!
谐音 服了阅历写 无碍那赫特恩 吴恩特 爱恩 格律克里些斯 闹月斯 呀
中文 祝圣诞节快乐、新年幸福!

德文 Frohe Ostern!
谐音 福楼呃 奥斯特恩
中文 祝复活节快乐!

德文 Angenehme/Schöne Feiertage!
谐音 安格内么/是云呢 附爱呃踏歌
中文 节日快乐!

德文 Schöne Ferien!
谐音 是云呢 费力恩
中文 假期快乐!

德文 Ihrer Frau/deiner Familie alles Gute/ein friedliches Neujahr/viel Glück im Neujahr!
谐音 一乐 福劳/带呢 法米利呃 阿勒斯 古特/爱恩 弗里德里谢斯 闹与呀/辅以偶 格律克 一恩姆 闹与呀
中文 祝您太太/家人万事如意/新年安康/新年幸福!

德文 Auch deinem Mann meine besten Glückwünsche!
谐音 奥赫 带呢木 马恩 麦呢 白斯特恩 格律克无云设
中文 也向你先生致以最好的祝愿!

德文 Guten Rutsch ins Neujahr!
谐音 古特恩 露齿 伊恩斯 闹与呀
中文 新年好。

德文 Danke sehr!
谐音 当可 贼呃
中文 非常感谢!

德文 Vielen Dank!
谐音 辅以 乐恩 当可
中文 多谢!

德文 Vielen Dank! Ich wünsche Ihnen das gleiche!
谐音 辅以 乐恩 当可! 依稀 无云设 意嫩 达斯 个来写
中文 多谢! 也同样祝愿您!

德文 Danke schön! Ebenfalls/gleichfalls.
谐音 当可 是云恩! 诶本法欧斯/个莱西法欧斯
中文 十分感谢,也同样祝愿您!

五、固定句型篇

1 问答模板

1. 问路

))) 问 (((

德文 Wo ist das Krankenhaus?

谐音 吴鸥 伊斯特 达斯 可狼肯豪斯

中文 医院在哪儿?

))) 答 (((

德文 Es ist da doüben.

谐音 艾斯 伊斯特 达 得吕本

中文 在那儿。

可替换词汇

德文	die Post	die Polizeiwache
谐音	低 泡斯特	低 剖里菜哇喝
中文	邮局	警察局

德文	die Toilette	die Bank
谐音	低 偷啊莱特呃	低 棒克
中文	公共厕所	银行

德文	die Universität	der Supermarkt
谐音	低 污泥歪呃恣意太特	得呃 租颇骂呃克特
中文	大学	超市

德文	das Kaufhaus	die Buchhandlung
谐音	达斯 靠夫豪斯	低 布赫汗特龙
中文	商场	书店

固定句型篇

德文	die Wäscherei	die Telefonzelle
谐音	低 歪佘赖	低 忒雷否恩才了呃
中文	洗衣店	电话亭

2. 问时间

))) 问 (((

德文 Wie spät ist es jetzt?

谐音 无意 史拜特 伊斯特 艾斯 页次特

中文 几点了?

))) 答 (((

德文 Es ist drei Uhr nachmittags.

谐音 艾斯 伊斯特 得来 唔呃 那赫咪踏克斯

中文 下午三点。

可替换词汇

德文	fünf nach eins	zehn nach eins
谐音	浮云福 那赫 爱恩斯	次印 那赫 爱恩斯
中文	一点五分	一点十分

德文	Viertel nach eins	zwanzig nach eins
谐音	辅以额投 那赫 爱恩斯	次午安 次诶西 那赫 爱恩斯
中文	一点十五	一点二十

德文	fünf vor halb zwei	ein Uhr dreißig
谐音	浮云福 发哦 哈偶破 次无碍	爱恩 唔呃 得来斯诶系
中文	一点二十五	一点半

德文	fünf nach halb zwei	zwanzig vor zwei
谐音	浮云福 那赫 哈偶破 次无碍	次午安 次诶西 发哦 次无碍
中文	一点三十五分	一点四十分

德文	Viertel vor zwei	Zehn vor zwei
谐音	辅以额投 发哦 次无碍	次印 发哦 次无碍
中文	一点四十五分	一点五十分

德文	fünf vor zwei	zwei Uhr
谐音	浮云福 发哦 次无碍	次无碍 唔呃
中文	一点五十五分	两点

德文	morgens	vormittags
谐音	猫呃跟斯	发哦咪踏克斯
中文	早上	上午

德文	nachmittags	abends
谐音	那赫咪踏克斯	啊本次
中文	下午	晚上

3. 问季节

))) 问 (((

德文 Welche Jahreszeit haben wir jetzt?

谐音 歪欧些 呀嘞斯菜特 哈本 无意呃 页次特

中文 什么季节?

))) 答 (((

德文 Den Sommer.

谐音 得恩 早麽

中文 夏天。

可替换词汇

德文	den Frühling	den Sommer
谐音	得恩 福率灵	得恩 早麽
中文	春天	夏天

德文	den Herbst	den Winter
谐音	得恩 嗨呃破斯特	得恩 无恨特呃
中文	秋天	冬天

4. 问月份

))) 问 (((

- 德文 Welchen Monat haben wir jetzt?
- 谐音 歪欧新 某纳特 哈本 无意呃 页次特
- 中文 现在是几月份?

))) 答 (((

- 德文 Den Juni.
- 谐音 得恩 由你
- 中文 六月份。

注意：针对回答中的表示月份的单词可参见141页

5. 问姓名

))) 问 (((

- 德文 Wie heißen Sie?
- 谐音 无意 海森 恣意
- 中文 您贵姓?

)) 答 (((

德文 Ich heiße Monika Schubert.

谐音 依稀 海瑟 牟尼卡 舒伯特

中文 我叫莫妮卡·舒伯特。

6. 问年龄

)) 问 (((

德文 Wie alt sind Sie?

谐音 无意 啊偶特 字音特 恣意

中文 您多大年纪?

)) 答 (((

德文 Ich bin 30 Jahre alt.

谐音 依稀 比恩 得来斯诶系 呀乐呃 啊偶特

中文 我三十岁。

注意:针对回答中的表示年龄数字的单词可参见195页

7. 问国籍

)) 问 (((

德文 Ihre Staatsangehörigkeit?

谐音 一乐呃 史达次安葛合约里希凯特

中文 你的国籍是?

)) 答 (((

德文 Chinesisch.

谐音 系内恣意诶时

中文 中国。

可替换词汇

德文	japanisch	koreanisch
谐音	哑潘你试	口里啊你试
中文	日本人	韩国人

德文	amerikanisch	kanadisch
谐音	啊没里看你试	坎拿底湿
中文	美国人	加拿大人

德文	indisch	französisch
谐音	音底湿	弗兰侧与 恣意诶时
中文	印度人	法国人

德文	deutsch	italienisch
谐音	到淤咮	一塔里诶你试
中文	德国人	意大利人

8.问电话号码

))) 问 (((

德文 Wie ist Ihr Telefonnummer?

谐音 无意 伊斯特 一呃 忒类否恩奴摩

中文 您的电话号码是多少?

))) 答 (((

德文 Sie ist ~(接数字)

谐音 恣意 伊斯特 ~（接数字）

中文 （电话号码）

注意：针对回答中表示数字的单词请参见195页

9. 问家庭成员

))) 问 (((

德文 Wie viele Personen sind in Ihrer Familie?

谐音 无意 辅以乐呃 拍呃走嫩 子伊恩特 印 一乐呃 发咪咧

中文 您家有几口人?

))) 答 (((

德文 Vier, mein Vater, meine Mutter, meine Schwester und ich.

谐音 辅以额, 麦恩 发特呃, 麦呢 姆特呃, 麦呢 史外斯特呃 吴恩特 依稀

中文 四口人, 父亲、母亲、妹妹和我。

注意：针对回答中表示家庭成员的单词可参见148页

10. 问职业

))) 问 (((

德文 Was sind Sie von Beruf?

谐音 哇斯 子伊恩特 恣意 否恩 跛路夫

中文 你是做什么的?

))) 答 (((

德文 Ich bin Lehrerin.

谐音 依稀 比恩 雷乐淋

中文 我是老师。

注意：针对回答表示职业的单词可参见152页

11. 问健康状况

问

德文 Wie geht es Ihnen?

谐音 无意 给特 艾斯 一嫩

中文 您好吗?

答

德文 Mir geht es gut./Es geht.

谐音 密呃 给特 艾斯 固特/艾斯 给特

中文 我很好。/还行。

12. 问兴趣爱好

问

德文 Was sind Ihre Hobbys?

谐音 哇斯 恣意恩特 一乐呃 好比斯

中文 你有什么爱好?

答

德文 Bücher lesen und Musik hören.

谐音 博宇些 雷怎 吴恩特 姆恣意克 合约 乐恩

中文 看书、听音乐。

(相关词汇)

德文	tanzen	malen	schreiben
谐音	谈岑	麻了恩	史来本
中文	跳舞	画画	写字

13. 问价格

))) 问 (((

德文 Wie viele kostet die Jacke?

谐音 无意 辅以偶 考斯特特 低 呀可

中文 多少钱?

))) 答 (((

德文 ~（数字）Euro.

谐音 ~（数字）鳌鱼喽

中文 （钱数）

（相关词汇）

德文	null	eins	zwei
谐音	怒偶	爱恩斯	此外
中文	零	一	二

德文	drei	vier	fünf
谐音	得来	复叶	浮运福
中文	三	四	五

德文	sechs	sieben	acht
谐音	再克斯	恣意本	啊赫特
中文	六	七	八

德文	neun	zehn	elf
谐音	闹云	次印	爱欧弗
中文	九	十	十一

德文	zwölf	dreizehn	vierzehn
谐音	次外欧服	得来次印	复叶 次印
中文	十二	十三	十四

德文	fünfzehn	sechzehn	siebzehn
谐音	福运弗次印	在熙次印	恣意破次印
中文	十五	十六	十七

德文	achtzehn	neunzehn	zwanzig
谐音	阿赫次印	闹云 次印	次午安 次诶西
中文	十八	十九	二十

德文	einundzwanzig	neunundzwanzig	dreißig
谐音	爱恩吴恩特次午安 次诶西	闹云吴恩特次午安 次诶西	得来斯诶西
中文	二十一	二十九	三十

德文	zweiunddreißig	vierzig	dreiundvierzig
谐音	次无碍 吴恩特 得来斯诶西	复叶 次诶西	得来吴恩特复叶 次诶西
中文	三十二	四十	四十三

德文	fünfzig	vierundfünfzig	sechzig
谐音	福运弗次诶西	复叶 吴恩特福运弗次诶西	在熙次诶西
中文	五十	五十四	六十

德文	siebenundsechzig	siebzig	achtundsiebzig
谐音	恣意本吴恩特在熙次诶西	恣意破次诶西	啊赫特吴恩特恣意破次诶西
中文	六十七	七十	七十八

德文	achtzig	neunzig	hundert
谐音	阿赫次诶西	闹云次诶西	混得特
中文	八十	九十	一百

德文	hunderteins	hundertzehn	hundertzwanzig
谐音	混得特爱恩斯	混得特次印	混得特次午安次诶西
中文	一百零一	一百一十	一百二十

德文	hunderteinunddreißig	hundertneunundneunzig	zweihundert
谐音	混得特爱恩吴恩特得来斯诶西	混得特闹云吴恩特闹云次诶西	此外混得特
中文	一百三十一	一百九十九	二百

德文	dreihundert	vierhundert	fünfhundert
谐音	得来混得特	复叶混得特	福运弗混得特
中文	三百	四百	五百

德文	tausend	zweitausend	zehntausend
谐音	涛怎特	此外涛怎特	次印涛怎特
中文	一千	两千	一万

德文	hunderttausend	eine Million	zehn Millione
谐音	混得特涛怎特	哎呢 迷离欧恩	次印 迷离欧恩呢
中文	十万	一百万	一千万

德文	hundert Millione	eine Milliarde
谐音	混得特 迷离欧恩呢	哎呢 迷离啊得
中文	一亿	十亿

固定句型篇

14. 问颜色

))) 问 (((

德文 Welche Farbe ist die Tasche?

谐音 外欧些 发呃波 伊斯特 低 他佘

中文 这个包是什么颜色?

))) 答 (((

德文 Sie ist rot.

谐音 恣意 伊斯特 漏特

中文 红色。

相关词汇

德文	bunt	dunkel	schwarz
谐音	布恩特	吨口	史瓦茨
中文	色彩缤纷的	阴暗	黑色

德文	blau	braun	grün
谐音	补烙	补烙恩	葛率恩
中文	蓝色	棕色	绿色

德文	grau	hell	orange
谐音	葛烙	嗨欧	奥浪日
中文	灰白	亮色	橙色

德文	rosa	lila	rot
谐音	楼咋	哩啦	漏特
中文	粉红色	紫色	红色

德文	türkis	weiß	gelb
谐音	特约 可以斯	外丝	盖鸥破
中文	青绿色	白色	黄色

15. 问性格

))) 问 (((

德文 Wie ist sie/er?

谐音 无意 伊斯特 恣意/诶呃

中文 她/他是个怎样的人？

))) 答 (((

德文 Sie/Er ist nett.

谐音 恣意/诶呃 伊斯特 奈特

中文 她/他很善良。

相关词汇

德文	intelligent	aktiv	sympathisch
谐音	音特诶里艮特	啊可替夫	自语目趴替湿
中文	能干的	活跃的	和蔼可亲的

德文	gleichgültig	mutig	optimistisch
谐音	葛莱西葛与偶体系	木体西	欧破涕迷思体湿
中文	冷漠的	勇敢的	开朗的

德文	klug	humorvoll	bescheiden
谐音	可路克	胡眸赴澳欧	泊是爱 的恩
中文	聪明的	幽默的	谦虚的

16. 问这 / 那是什么

))) 问 (((

德文 Was ist das?

谐音 哇斯 伊斯特 达斯

中文 这/那是什么?

))) 答 (((

德文 Das ist ein Buch.

谐音 达斯 伊斯特 爱恩 布赫

中文 这/那是一本书。

17. 问这些 / 那些是什么

))) 问 (((

德文 Was sind das?

谐音 哇斯 字音特 达斯

中文 这些/那些是什么?

))) 答 (((

德文 Das sind Bücher.

谐音 达斯 字音特 博宇些

中文 这些/那些是书。

2 常用句式

德文 Können Sie ...?
谐音 可晕嫩 恣意 ……
中文 你能……吗?

德文 Haben Sie ...?
谐音 哈本 恣意 ……
中文 你有……吗?

德文 Kennen Sie...?
谐音 开嫩 恣意 ……
中文 你认识……吗?

德文 Haben Sie ... gesehen?
谐音 哈本 恣意 …… 葛贼恩
中文 你见过……吗?

德文 Mögen Sie ...?
谐音 抹越跟 恣意 ……
中文 你喜欢……吗?

德文 Sprechen Sie ...?
谐音 史不莱辛 恣意 ……
中文 你会说……(语言)吗?

地道德语想说就说

德文 Wie weit ist ...?
谐音 无意 外特 伊斯特 ……
中文 到……有多远?

德文 Ich hoffe ...
谐音 依稀 豪佛 ……
中文 我真希望……

德文 Ich möchte ...
谐音 依稀 卖鱼希特呃 ……
中文 我想……

德文 Ich finde ...
谐音 依稀 福音得呃 ……
中文 我觉得……

德文 Ich muss ...
谐音 依稀 慕斯 ……
中文 我必须……

德文 Ich komme aus ...
谐音 依稀 靠模 奥斯 ……
中文 我来自……

德文 Sagen Sie mir bitte ...
谐音 咋跟 恣意 密呃 比特呃 ……
中文 告诉我……

德文 Geben Sie mir ... bitte.
谐音 给本 恣意 密呃 …… 比特呃
中文 把……给我。

德文 Ich habe ... verloren.
谐音 依稀 哈勃 …… 非呃喽乐恩
中文 我丢了……

德文 Wann gibt es ...?
谐音 万 个已破特 艾斯 ……
中文 几点吃……？

固定句型篇